高职教育产业文化读本

马红麟　编著

中国水利水电出版社
www.waterpub.com.cn
·北京·

内 容 提 要

本书系统地探讨了计算机、电子、通信等三大类专业的产业文化，阐述了各专业所匹配的科技、产品、市场、消费、服务等体系的产业文化链，结合高职学生的学习、实训、实习、就业、职业成长的相关历程，阐明了产业文化教育能有效培养出高素质、满足产业需求的高职人才。

本书涵盖的主要内容有：高职院校产业文化教育的重要性；计算机产业文化概述；电子产业文化概述；通信产业文化概述；高职学生对产业文化的适应与融合。本书内容丰富，理论与实践相结合，引用了大量的优秀学生的成长成才实例，具有理论和实践价值，对培养现代企业所需的高素质技能人才具有一定的借鉴意义。

本书是一本培养相关专业产业文化素质的教材，适用于全国高职类院校产业文化教育领域，适合职业院校师生阅读，也可供一般大学生以及职业者参考。

图书在版编目（CIP）数据

高职教育产业文化读本 / 马红麟编著. -- 北京 :
中国水利水电出版社, 2017.1 （2024.8 重印）
ISBN 978-7-5170-4875-6

Ⅰ. ①高… Ⅱ. ①马… Ⅲ. ①工业文化－高等职业教育－教材 Ⅳ. ①F4

中国版本图书馆CIP数据核字(2016)第273660号

责任编辑：杨庆川　　封面设计：梁　燕

书　名	高职教育产业文化读本
作　者	马红麟　编著
出版发行	中国水利水电出版社 （北京市海淀区玉渊潭南路 1 号 D 座　100038） 网址：www.waterpub.com.cn E-mail：mchannel@263.net（万水） sales@waterpub.com.cn 电话：（010）68367658（营销中心）、82562819（万水）
经　售	全国各地新华书店和相关出版物销售网点
排　版	北京万水电子信息有限公司
印　刷	三河市佳星印务有限公司
规　格	184mm×260mm　16 开本　10.25 印张　203 千字
版　次	2017 年 1 月第 1 版　2024 年 8 月第 3 次印刷
定　价	45.00 元

前　　言

当前，高职院校的校园文化缺乏职业教育应有的特色，与相关产业文化缺少应有的沟通，导致毕业生就业后不能适应相关产业的文化氛围，影响了学生自身的健康成长和行业的顺利发展。高职院校应通过各种不同途径，搭建各种有效平台，为在校学生提供相关产业文化的教育，对于大学生将来能够和谐融入产业文化氛围、顺利进入企业具有重要的现实意义。

美国教育家杜威说过，职业教育的重要意义在于改革传统的“读书学校”，学校自身须有社会生活所应有的种种条件，学校的学业需和校外的生活连贯一气。高等职业教育培养的是相关产业生产、管理和服务一线，管理和组织工程设计与实施的技术应用型人才，它与经济社会的各行各业有着必然的、紧密的联系。因此，高职学生在校期间应有意识地接触和了解相关产业的必要知识，高职院校也应积极引进产业文化教育进课堂，普及产业文化、开展产业文化教育，这有助于高职毕业生从校园环境向职场环境平稳过渡，有助于从学生到产业员工的角色转变。优秀的产业文化是产业核心竞争力的重要组成，更是产业可持续发展的动力源泉。高职培养的人才应认同产业环境、观念、精神等才能融入到企业中，才能满足产业对人才的需求，所以高职教育特色之一应具备校园文化与产业文化相对接融通。特别是在我国大力发展现代产业体系的今天，发展现代产业体系，着重点是改造和提升传统产业，培育战略性新兴产业，这对于我们的生产方式、劳动方式都是一场深刻的变革。文化是一切变革的先导，产业跨越发展，文化要先行。

随着社会知识经济的高速发展，产业领域对人才的职业素质要求越来越高。对职业素质的高要求，不仅体现在科学知识素质方面，更多的是体现在自身综合素质的全面可持续发展上，以适应产业的发展需求。职业教育不但要重视技术技能教育，更要加强全面的职业素质教育。

《高职教育产业文化读本》研究了职业者的成功范例，针对电子信息类产业文化的概述，阐述了电子信息类产业的发展与我们的工作生活的关系，指出了学生在职业院校期间应对产业文化进行必要的了解和适应，便于今后在职业成长期间与产业文化的融合发展。本书沿着产业文化发展等规律探讨了职业素质培养的内容和规律。换言之，本书将学生培养与产业文化联系起来，力图另辟路径，有效解决产业与校园文化有效对接，解决职业学校职业素质教育和自我培养问题。

本书在策划和撰写过程中，参考了很多学者的研究成果和论著，并得到“2015 年高职学生培养—教学改革立项与研究项目”的资助，借本书出版之际，在此表示诚挚的感谢。

作者
于北京电子科技职业学院
2016 年 6 月

目　　录

第四部分　通信产业文化

第五部分　高职学生对产业文化的适应与融合

第一部分　高职院校产业文化教育

产业文化教育能培养学生职业文化精神。职业文化精神的培养，是通过一种潜移默化、耳濡目染的方式，逐渐熏陶和感染的。通过让学生对产业文化逐步的理解，使学生可以更加热爱自己的专业、热爱将来的职业岗位、热爱自己的职业院校，并且坚定职业信念。通过产业文化的传播，可以提升学生团结合作、敬业爱岗等的职业素质，提高高职学生人才培养质量。

第一章　产业文化

高等职业教育培养的是面向产业生产、管理和服务第一线，领导和组织工程设计与实施的高级技术应用型人才，它与经济社会的各行各业有着天然的、密切的联系。高职毕业生不但懂得某一专业的基础理论与基本知识，更重要的是他们具有某一岗位群所需要的生产操作和组织能力，善于将技术意图或工程图纸转化为物质实体，并能在生产现场进行技术指导和组织管理，解决生产中的实际问题。高职毕业生还应善于处理、交流和使用信息，指导设备、工艺和产品的改进，是一种专业理论够用、生产技术操作熟练和组织能力强的复合型人才。美国教育家杜威说过，职业教育的重要意义在于改革传统的“读书学校”，高职院校自身须有产业或企业生活所应有的种种条件，学校的学业需和校外的生活连贯一气。因此，大学生在校期间应有意识地接触和了解相关产业的必要知识，职业院校应积极将产业文化教育融入到课堂，有助于大学毕业生从校园环境向职场环境平稳过渡，有助于从学生到产业员工的角色转变。特别是在我国大力发展现代产业体系的今天，发展现代产业体系，着重点是改造和提升传统产业，培育战略性新兴产业，这对于我们的生产方式、劳动方式都是一场深刻的变革。文化是一切变革的先导，产业跨越发展，文化要先行。高职院校普及产业文化、开展产业文化教育更有重要的现实意义。

产业文化教育融入到课堂，有助于大学毕业生从校园环境向职场环境平稳过渡，有助于从学生到产业员工的角色转变。

一、产业

在解释“产业文化”这个概念之前，我们首先要知道什么是产业。按照经济学理论，所谓产业，就是指具有某种同类属性的经济活动的集合或系统，即生产同一性质产品或劳务的集合体，也就是国民经济的各行各业。按大的分类，就是大的“集合体”。如社会生产有工业、农业、商业、文化、教育等产业部门。如果细分一点，就是小的“集合体”。例如，就工业产业部门而言，有炼钢、纺织、造船等产业部门；就农业部门来说，又有种植业、林业、畜牧业、渔业等产业部门。假如再细分一点，就有更小的“集合体”，比如，炼钢产业中又有轧钢、数控、电焊等岗位和工种，种植业又分水稻、小麦、高粱、玉米等粮食作物种植和油料、果树、蔬菜、药材、工业原料等经济作物种植。这些大大小小的产业部门，就是大大小小的“集合体”，每个小的“集合体”都必然属于相应的一个大的“集合体”。

产业“集合体”有一定的结构条件。就是说，作为一个产业部门有很多“基本单元”，这些“基本单元”根据一定的条件通过分工而构成一个产业部门。这些条件就是集合体诸元素之间存在的共同性，归纳起来有如下几点：

（1）生产性。所谓生产性，就是创造财富的活动功能。马克思说，“一切生产都是个人在一定社会形式中并借这种社会形式而进行的对自然的占有。”创造社会财富就是这种占有。

（2）商品性。商品性是指生产的产品和提供的劳务都不是自身消费的，而是用来交换的。商品性的社会性质不是无偿供给的消费品。

（3）求利性。所谓求利性，就是通过生产产品和提供劳务获得尽可能多的经济收益，以实现劳动的价值，并实现产业的发展。

（4）组织性。每个产业集合体的基本单元，都是有机组成的小集合，或者说是一个系统的子系统。生产社会化的规模越大，社会化的程度越高，这种集合体的内部构成有机性就越强，组织越严密。

从产业的概念中，我们可以分析出，产业是一个组织严密的生产系统，这个生产系统能够创造出为人类所需要的有价商品或各种服务，每个生产者都以获利为目的生产产品提供服务，整个生产系统以利益关系为纽带。

从一定层面上讲，在我国教育发展和改革的大潮中，随着经济的发展和科技成果的产业化，高等职业教育作为一种新型的高等教育就是为“产业”而生的，走出校门的高职毕业生都将汇入产业大军，成为大大小小“集合体”中的一分子，在生产一线或操作现场为社会创造利益，为社会经济总量的不断增长，为着广大人民物质和精神生活的不断改善而发挥实际的作用。

走出校门的高职毕业生都将汇入产业大军，成为产业中的一分子。

二、产业文化

综合经济界对这个概念的界定，我们将产业文化理解为产业员工在产业长期发展历程中经过凝炼与筛选而逐步形成的产业价值观念、行为方式及其精神状态。现代产业文化主要包括先进的企业文化、先进的行业文化、劳动者正确的工作价值观和行为规范，以及符合现代产业发展的制度和舆论环境。现代产业文化既有爱岗敬业、尊敬师长、谦虚自省、奉献企业、遵纪守法、责任意识、注重质量、团队合作、诚实守信等先进的工作价值观，也有现代产业科学的生产方式、合理的劳动组织和规范的管理流程等核心内容。简言之，现代产业文化的实质就是现代生产方式和工作方式，它的核心是尊重一切劳动，尊重一切产业者的现代工作价值观。

现代产业文化先进的工作价值观包含爱岗敬业、尊敬师长、谦虚自省、奉献企业、遵纪守法、责任意识、注重质量、团队合作、诚实守信等职业素质。

三、产业文化对产业的发展具有巨大的推动作用

经济活动就是经济、文化的一体化运作，经济的发展离不开文化的强大支持。在当前经济全球化和竞争动态化的时代，经济对文化的依赖性更加凸显。因此，一个企业要寻求长远发展，必须充分考量产业文化的不可估量的作用，而健康、优秀的产业文化对于企业的生产力和竞争力的提升乃至可持续性发展作用巨大。

产业文化对产业发展的促进作用具体表现在以下几个方面。

（1）导向作用。产业文化就像一支无形的指挥棒，引导行业、企业和员工遵从符合产业发展的方向与方法去做事。产业文化的导向功能具体表现在以下两个方面：一是思想行为的导向作用，主要对产业中的领导、员工等个体人的思想行为起导向作用；二是对产业整体的价值取向和行为起导向作用。因为产业构建属于自身系统的核心价值和行为规范时，产业文化才形成并不断导向核心价值，如果产业劳动大军在价值和行为取向上与产业文化的系统标准相悖离，产业文化会将其纠正过来，并把个人目标引导到产业发展的愿景上来，从而成就行业稳固而持久的发展生命力。

（2）激励作用。优秀的产业文化具有使企业员工从内心产生一种正能量情绪和奋发进取精神的效应。这是文化的效应所致，一是产业文化中积极向上的思想观念及行为准则会形成强烈的使命感、持久的驱动力，成为企业员工自我激励的一把标尺；二是产业文化把尊重人作为中心内容，以人的管理为中心，给员工多重需要的满足，使每个员工都能感到自己存在的价值，这种自我价值的满足也可形成强大的精神激励。这种文化激励不仅可以调动员工的主动性和创造性，激发潜能，还可以提升员工生活幸福感及体面劳动体验。

（3）凝聚作用。现代产业文化既有遵纪守法、责任至上、注重质量、团队合作、诚实守信等先进的工作价值观，又有科学的生产方式、合理的劳动组织和规范的管理流程等核心内容，作为一种长期积淀形成的价值观念，产业文化潜移默化被员工认同，它就会成为一种粘合剂，形成强大的向心力，使员工将个人的命运与行业的成败发展息息相关起来，能够使产业员工万众一心，步调一致，增强企业、行业的整体执行力及蓬勃发展能力。

（4）辐射作用。大量产业文化显示，产业文化已经超越了管理范畴，成为一种不可复制的竞争文化。产业文化一旦形成较为固定的模式，它不仅会在产业内部发挥作用，而且也会通过各种渠道（网络、媒体、交往、经营活动等）对他人和社会产生影响。优秀的产业文化对社会文化的发展有很大的影响，产业文化所具备的独特的文化底蕴，也会使其他相关产业不断效仿，乃至对整个社会产生一种辐射、熏陶作用。

优秀的产业文化会对整个社会产生一种辐射、熏陶作用。

四、产业文化的内涵

每个产业都有区别于其他产业的独特文化。由于产业间所具有的特性差异，产业文化均烙有其明显的“个性色彩”。汽车产业文化彰显出它是工业化生产方式的典型代表，是改变现代人类生活方式的强大推手，是促进现代社会运转方式的有力诱因，它还涵盖了人类对环保、节能从无知到觉醒的过程。对建筑产业来说，传统的建筑产业文化符合中国传统的礼制文化和等级观念；现代建筑产业文化则表现出了发展可持续化、技术进步化、产业管理综合化、产业工人新型化的时代特征。中国特色石油和化工产业文化，则具有“军事组织文化”“政治灵魂文化”和“英雄主义文化”的三大基本特征，因而孕育了大庆精神、铁人精神。以算盘为象征符号的中国商业文化，产生了晋商、徽商、潮商、浙商等著名商帮，晋商的“信义为先”，浙商的“舍得”“敢闯”，潮商的“精明”“爱拼”……都为自己、为社会创造了辉煌的物质文化与精神文化。我们在本书中要重点阐述的信息产业文化，其特征也是很显明的：着重强调客户至上、给市场提供完整的产品服务、持续创新和改进、解决问题、团队合作、有效沟通和利用现有资源和条件把事情做成并不断创新开拓。

不同的文化传统影响着不同的产业选择。以浙江产业文化为例，经济学者张仁寿认为，温州的商业文化、宁波的码头文化、绍兴的染缸文化、永康的工匠文化等传统，就与改革开放后温州人善于经商、宁波人致力于发展工商实业、绍兴人从事纺织业和永康人喜欢搞五金加工业一脉相承。浙江各地的产业文化特质，今天仍然可以划分为不同的区域：以温州（台州）为代表的商业文化，以宁波为代表的工商文化，以衢州（丽水）为代表的农业文化，以杭州为代表的休闲文化等。温州人有着对市场机会的敏锐观察力和果断决策力，善于把握商机；而杭州人则热衷于享受休闲文化，创业的冲动和追求金钱的动力稍显不足，因此这里的区域文化传统倒是有利于发展休闲旅游产业和现代服务业。

区域文化由于当地老百姓的长期劳动积累，形成了不同区域的产业文化传统，并深刻影响到改革开放以后各地的产业选择及其发展成效。仍以浙江为例。历史上，浙江各地就有一些发达的手工业和小工业基础，能工巧匠众多，这些都为浙江从农业文明更快转向工业文明积累了劳动技能，创造了重要的发展条件。温州人制皮鞋自唐代以来就成传统；东阳的建筑企业闻名全国与东阳木工、泥工、油漆工等传统工艺积累有关；浦江的水晶产业也显然受其书画传统影响；义乌市场的崛起可以追溯到长期的“鸡毛换糖”历史。上个世纪80年代，在交通极其不便的苍南宜山镇形成全国最大的再生腈纶纺织品产销基地，当时许多人对此不解。其实，宜山本来就有纺织业的历史传统，明代中叶这里的手工纺织已十分发达，明清时几乎家家户户置备手摇纺车和老式织布机。曾以山歌、道情、花鼓、渔鼓、鼓词等多种说唱形式在浙南地区广为流传的《高机与吴三春》的传说，描写的就是苍南县织绸高手高机与龙泉刺绣能手吴三春坚贞不渝的爱情故事。

经济学家认为，浙江区域文化之所以具有如此强大的生命力，还与作为经济活动主体的浙江人喜欢流动迁移有关。浙江特别是浙东一带的百姓喜欢跑码头、闯天下、四海为家，少有安土重迁的观念束缚。在这种流动中，浙江大规模的劳动力输出和频繁流动，就像是一所培养浙江企业家的“综合性社会大学”，对提高浙江的人力资本积累产生了全面而积极的影响。而随着浙江人走遍全国，他们不仅为其他地区带去了资本、技术和管理经验，创造了大量就业机会，也向其他地区传播了发展市场经济的价值观念。可以说，浙江人的区域文化传统对于我国市场经济发展也作出了重要贡献。

随着社会的发展，区域文化、产业文化间的流动已跨越国界，汇成了经济全球化的大潮。全球视野下的产业融合，为我国产业文化不断注入新的内涵。

放眼全球，不同的文化背景和不同的产业发展程度，形成了中外不同的产业管理思维、模式及管理特点，中外同一产业之间的文化也存在差异。国家不同，文化背景也不尽相同，其中的文化差异体现在方方面面。比如我们中国人日常打招呼习惯于问：“你吃饭了吗？”如果你跟一些说英语的国家的人这样说，他们会认为你是想请他们吃饭。英语国家的人打招呼通常以兴趣爱好为话题，聊聊天气、健康状况、交通、体育等等。“君子不言利”，这是中国儒教的道德箴言，而在美国，言利的正是“君子”。在美国企业家和从业人员中，“互利互惠”被看作是人际交往的良好道德和情操，是正当的谋生目标。

不同的文化背景和不同的产业发展程度，形成了中外不同的产业管理思维、模式及管理特点，中外同一产业之间的文化也存在差异。

文化与民族是分不开的，文化是民族的，一定的文化总是一定民族的文化。产业文化也是一个国家民族文化的组成部分，所以一个国家产业文化的特点实际上就反映了这个国家民族文化的特点。下面我们仅对能代表东西方民族文化特点的几个国家和地区的产业文化和管理特点作一些简要介绍。

1. 欧洲国家的产业文化模式与管理特点

欧洲文化受基督教影响较深。基督教信仰上帝，认为上帝是仁慈的，上帝要求人与人之间互爱、包容。受这一观念的影响，欧洲文化崇尚个人的价值观，强调个人高层次的需求。欧洲人还注重理性和科学，强调逻辑推理和理性的分析。

虽然欧洲产业文化的精神基础是相同的，但由于各个国家民族文化的不同，欧洲各个国家的产业文化也是有差别的。

法国人最突出的特点是民族主义，浪漫、傲慢、势利、充满优越感，因此他们的企业管理表现出封闭守旧的观念。

英国人世袭观念强，一直把地主贵族视为社会的上层，企业经营者处于较低的社会等级。英国的企业家比较讲究社会地位和等级差异，他们不是用优异的管理业绩来证明自己的社会价值，而是千方百计要跻身上层社会，因此在企业经营中存在墨守成规，缺乏冒险精神。

德国人官僚意识比较浓，组织纪律性强，勤奋刻苦。因此，德国的企业管理中，决策机构庞大、决策集体化，保证工人参加管理，往往要花较多的时间论证，但决策质量高。企业执行层划分严格，各部门负责只有一个主管，不设副职。职工参预企业管理广泛而正规，许多法律都保障了职工参与企业管理的权力。

意大利崇尚自由，以自我为中心，在企业管理上显得组织纪律差，企业组织的结构化程度低。但由于意大利和绝大多数的企业属于中小企业，组织松散对企业生机的影响并不突出。

2. 美国的产业文化模式与管理特点

美国是一个多民族的移民国家，这决定了美国民族文化的个人主义特点。美国的产业文化以个人主义为核心，但这种个人主义不是一般概念上的自私，而是强调个人的独立性、能动性、个性和个人成就。在这种个人主义思想的支配下，美国的企业管理、行业管理都以个人的能力为基础，鼓励职工个人奋斗，实行个人负责、个人决策。因此，在美国各个产业中个人英雄主义比较突出，许多产业常常把创业者或对产业做出巨大贡献的人推崇为英雄。产业组织或企业对员工的评价也是基于能力主义原则，加薪和提职也只看能力和工作业绩，不考虑年龄、资历和学历等因素。这种以个人主义为特点的产业文化缺乏共同的价值观念，产业的价值目标和个人的价值目标有时是不一致的，企业以严密的组织结构、严格的规章制度来管理员工，以追求企业目标的实现，但员工仅把企业看成是实现个人目标和自我价值的场所和手段。

3. 日本的产业文化模式与管理特点

日本是个单民族的国家，社会结构长期稳定统一，思想观念具有很强的共同性。同时，日本民族受中国儒家伦理思想的影响，看重“和”“信”“诚”等伦理观念，高度重视人际关系的处理。这些都决定了日本产业文化以“和亲一致”的团队精神为其特点。“和”堪称日本企业的行动指南。

在注重团队精神的日本企业里，上下一致地维护和谐，互相谦让，强调合作，反对个人主义和内部竞争。共同的价值观念使企业目标和个人目标高度一致和统一。一个企业就像一个家庭，成员和睦相处，上级关心下级，权利和责任划分并不那么明确，集体决策，取得一致意见后才作出决定，一旦出了问题不归咎个人责任，而是各作自我批评。企业对职工终身雇用，实行年功序列工资制。

日本虽然是一个单一民族的岛国，但并不封闭守旧，它革新精神强，大量吸收西方文化中重视科学技术和理性管理的优秀因子，并与传统文化结合起来，形成了巨大的生产力及生产效率。

4. 中国产业文化的现状

新中国成立以前，受外国资本和封建官僚买办控制，产业劳动者处于被残酷剥削和压迫之中，没有自由、没有平等，有的只是愤怒和抗争。在旧中国，产业文化只在民族资本主义企业中才存在，它是由老一代的民族企业家所倡导的。被毛泽东誉为“不可忘记的人”的卢作孚先生，曾倡导过“民生精神”就体现了当时中国产业文化。卢作孚先生是民生轮船公司的创始人，于 1925 年创办了“民生实业股份有限公司”，10 年以后垄断川江航运，成为民国时期最大的民营航运公司，而他创立的“民生精神”正是民生公司走向成功的关键。民生精神的核心是对劳资关系的恰当处理。对于工人来说，民生就是一个仁慈的大家长，既有慈母的爱护，也有严父的管教。民生的工资和福利水平远远高于其他企业，进了民生的门简直就意味着登上了幸福生活的快车。工人们感觉到在民生工作，并不仅仅是养家糊口，更与改造中国的宏伟目标紧密相连，而这就是他们生活的意义和价值。民生让他们成为历史的一部分，而不是可怜的劳力乃至弃儿。

新中国成立以后，国有企业是中国经济的主体，产业文化的形成与发展也如同整个国家的经济建设一样，经历了一番曲折。在传统计划经济体制下，企业生产什么、生产多少、销售多少都由政府发出指令，这种高度集权的管理模式对产业文化建设既有积极的一面，也存在着消极影响。积极的一面是有利于体现社会主义的“集中力量办大事”，形成国家利益至上的大集体观念和艰苦奋斗精神，如上世纪五六十年代出现的“鞍钢宪法”“大庆精神”就是这种观念和精神的代表；消极的一面是，这种集权管理模式强化了“官本位”的腐旧观念，管理活动行政化，产业工人的积极性未能充分调动发挥，民主管理的监督约束机制显得软弱无力，特别是在极“左”思潮的干预下，全国“以阶级斗争为纲”，一切工作包括经济活动也是“政治挂帅”，严重阻碍了产业文化的进步与发展。实行经济体制改革以后，我国由计划经济转换为社会主义市场经济，中国产业文化建设的环境开始好转，特别是现代企业制度的建立，为建立有中国民族特色的产业文化创造了有利的政治、法律环境，产业文化建设也取得了明显成效。

总之，产业文化是我们认识和理解现代产业的一把钥匙。中国是一个历史悠久的文明国家，中国的传统文化内涵丰富，如何利用传统文化中的积极因素建立有中国特色的企业文化，是我们应该继续下大气力去做的。虽然我国历史悠久，文化深厚，但工业化历史进程比较短，产业文化底蕴相对薄弱，很有必要补上产业文化教育这重要的一课，尤其是对职业教育而言，更要率先补上这一课。我国在相当长的历史时期里都是一个社会经济落后的农业大国，真正意义上的工业化是从 1949 年才开始的，直到 1953 年才在总路线中首次提出了“实现社会主义工业化”的目标。这与西方国家从 18 世纪中期就开始的工业化进程相比，我们是大大落后了。而在经济全球化、市场化、信息化的背景下，我国奋起直追，物质的工业化又呈现跨越发展，本就薄弱的产业文化更显欠缺，具体表现为企业产业文化底蕴不足、劳动者产业文化素养不高、社会产业文化氛围不浓。提高全民族的产业文化素养特别是全体劳动者的产业文化素养，是我国一项重要而急迫的任务。

我国企业产业文化的底蕴不足，劳动者产业文化素养不高，所以提高全民族的产业文化素养特别是全体劳动者的产业文化素养，是我国一项重要而急迫的任务。

第二章　产业文化教育对于职业学生成长的重要性

一、中国产业文化教育现状

早在2004年4月2日，教育部关于《以就业为导向深化高等职业教育改革的若干意见》（教育部［2004］1号文件）中明确指出："高等职业院校要主动适应经济和社会发展需要，以就业为导向确定办学目标，找准学校在区域经济和行业发展中的位置，加大人才培养模式的改革力度，坚持培养实践能力强，具有良好职业道德的高技能人才。"时至今日，高技能人才的缺乏仍然掣肘着各行各业的发展，高素质技能人才的输出仍然是职业院校的"短板"。

发展实体经济，需要建设一支数量宏大的、具有职业素质和专业技能的劳动者大军。但当前我国高技能人才总量短缺，结构不合理，领军人才匮乏。有关数据表明，我国高素质高技能人才缺口严重。根据中国劳动力市场信息中心公布的2011年第四季度各类技术等级的岗位空缺与求职人数的比例来看，高级技工、技师和高级技师岗位空缺与求职人数比例最大，分别为2.56、1.97和2.68。全国政协委员、上海罗蒙西服公司总经理金建华以上海服装业为例，直指高技能人才缺乏问题，"现在招工很难，青年人都不愿意当技术工人，上海能量体裁衣的全能型师傅很难找得到，更没有国际级的裁缝师。"全国政协委员吴幼英也表示了自己的担忧："我们对高级技工的需求还有很大缺口，久而久之，制造业也会受到影响，导致恶性循环。"一项数据表明，作为国民经济基础性产业的制造业，缺工率高达46.3%，有61.2%的制造业企业表示2010年遇到应聘人员减少的情况，57.3%的制造业企业表示应聘者技能水平低。找不到合适的工人，影响了我国经济转型升级和实体经济发展壮大。

进入21世纪以来，国家先后出台了《国务院关于大力发展职业教育的规定》等在内的一系列职业教育政策，培养了一批具有较高技能、较高素质的劳动者。但由于社会上对职业教育的认识普遍存在误区，许多家长抱着望子成龙的心态，希望对子女考上大学，将来能当白领，不愿报考职业学校，致使许多职业教育院校生源不足，发展艰难。结果是，一方面大学毕业生就业形势严峻，很多毕业生找不到工作；但另一方面，大型工业企业的一线熟练技术工人却非常缺乏，导致大学生不得不去做技术工人的工作，教育人才的培养方向和市场需求产生严重偏离，造成资源浪费。

此外，产业文化教育在高职教育中严重缺失也是阻碍高技能人才涌现的一大主要原因。职业教育是就业预备教育，产业文化教育本应贯穿于校园文化的方方面面，然而，我们的校园文化仍然缺乏职业教育应有的特色，与产业文化缺少沟通，导致毕业生在就业岗位上不能适应产业的文化环境，既影响学生自身的职业规划，也阻碍了行业的健康发展。大多数高职院校虽开展了校企合作，但结合的紧密度及融合度不够，尚未达到产业文化的层面，比如请业内人士开讲座，让学生进入企业进行短期的实习，但往往事倍功半，教育与企业的需要总是无法融为一体。有的院校也做了许多工作，但只图表面，陷入了产业文化教育口号化、活动化、表象化的误区，对培养高素质、技能型人才的举措还远远不够，可谓隔靴搔痒。

用人单位希望“即到即用”，尽量缩短或不要对新员工的培训期，毕业生也希望上岗后能尽快适应企业文化氛围，成为企业的一员。因此，高职院校必须打造适合高职特征的、能满足现实需要的、切实有效的产业文化教育，提高人才培养质量，使学校培养的毕业生能够“适销对路”，满足产业发展对人才结构的多元需求。

高职院校只有进行切实有效的产业文化教育，才能提高人才培养质量，使毕业生能够“适销对路”，满足产业发展对人才结构的多元需求。

二、产业文化教育的重要性

前教育部部长袁贵仁曾指出，所谓教书育人、管理育人、服务育人、环境育人，说到底都是文化育人。鲁昕副部长也多次在职业教育相关会议上提出：“要做到产业文化进教育、工业文化进校园、企业文化进课堂。”这些要求为职业院校开展现代产业文化教育指明了方向。

充分的、切实有效的产业文化教育，对职业学生的成才、成人起着重要的熏陶作用，甚至影响着他们未来的职业生涯及发展。

高职教育为企业的生产、经营、服务一线培养技术应用性人才，毕业生对岗位综合要求有较强的适应能力是高职教育的特色之一。高职院校毕业生在择业就业时，不仅关注所在企业的待遇、工作环境，也更加关注企业文化层面的诸多问题。事实上，毕业生在与企业发生各种纠纷和冲突时，越来越多地是因为价值观念、思维和文化的差异，更多的矛盾缘于毕业生无法适应企业的制度规范、价值观念、企业约束等，这恰恰是不适应产业文化的表现。

一项来自 11 所高职院校应往届毕业生的调查显示，83%的高职毕业生认为高职校园文化与企业文化之间“差异较大”，认为“差异不大”或“没有差异”的分别只占 11%和 2%。44%的高职毕业生认为学校管理环境比企业环境更舒适。以至于目前仍有相当数量的高职毕业生并不能很快适应岗位的要求，甚至对用人单位产生种种抱怨；同时，也有不少企业管理者反映高职毕业生与企业氛围格格不入，难以融入新的环境。毕业生与用人单位之间的磨合阵痛已成为当前的一大社会话题。产生这一现象的原因虽是多方面的，但高职毕业生对产业文化缺乏认同是重要原因之一。

现实告诉我们，如何让产业文化融入校园文化，让现代大学生了解、认识、理解、认同产业文化，及时提高自身综合素养更好地适应产业文化，是与专业技能培养同样重要的课题。如何在职业院校使学生仿佛置身在浓厚的产业教育氛围里，学会与人交流，提高与人合作的能力，树立职业意识，毕业之后尽快在企业的环境里找准自己的位置，很好地发挥自己的专业技能，这是高职教育的人才培养目标所在，同时更是学生零距离就业、融入企业的需求。

高职教育的人才培养目标所在是使学生提高与人合作的能力，树立职业意识，尽快在企业的环境里找准自己的位置，很好地发挥自己的专业技能。

1. 产业文化教育是职业学生的必修课

高校尤其是高职院校人才培养的重要指导思想是以“就业为导向”。以就业为导向，不仅要培养学生适应职业专业需要的知识、技术、技能，也需要培养学生适应企业管理制度的约束、规范，具备产业要求的能力和素质。也就意味着，高职学生在学好文化知识和职业技能的同时，必须具备认同并适应产业文化，具备产业文化的素质。职业学生学习并认识产业文化应当作为必修课。

学习产业文化的方式很多，一方面，高校可以通过社会实践、校企合作的途径引导大学生学习产业文化，另一方面大学生可以积极阅读一些自己比较感兴趣，尤其是有就业意向产业的文化书籍，同时职业院校应将产业文化教育纳入人才培养方案中，成为学生在校学习的必修课程。比如，当我们有兴趣到华为应聘时，就必须先了解 IT 产业技术生命周期短、技术更新快的生产特征，以及重视创新能力、鼓励学习、注重知识管理等文化特征，再了解华为“垫子文化”的由来和华为人艰苦奋斗，自强不息的追求，从而了解华为“狼性文化”的精神实质；如果你对一汽大众公司感兴趣，就必须先了解汽车产业的科技文化、生产文化、企业管理文化，继而去理解一汽大众公司所奉行的“学习、进取、合作、创新”的企业精神，以及“追求卓越品质，真诚面向用户”的企业理念。只有了解和认同产业文化、企业文化，才能真正地将个人的发展融入企业的发展之中。

2. 适应产业文化是职业学生就业的基础

选择一份适合自己并有发展的职业是职业学生最关注的问题。然而，工作有发展并能适合自己的，不仅仅涵盖工资待遇问题，还有个人兴趣爱好和企业岗位需求的差异、个人价值观和企业共同价值观的差异，个人习惯和企业要求的差异等都是要综合自身条件考虑的内容。当今社会发展，人们生活水平不断提高使得就业观念不断转变，公司管理制度、工作环境、工作氛围、人际关系、个人发展环境、文化氛围等越来越成为职业学生择业时关注的重点。因此，能否适应产业文化已成为职业学生就业择业不可回避的问题。

中华英才网曾对北京大学、清华大学、复旦大学、武汉大学、西安电子科技大学在内的十所重点大学2005年毕业生进行过调查。在这些天之骄子的心中，“有竞争力的薪酬”“公司在业界的影响力”“培训和发展机会”“企业文化”成为他们最关心的择业影响因素。在这些测试选项中，除了企业文化，诸如“培训和发展机会”“公司的业界影响力”等又都是企业文化建设的关注点。可以看出，产业文化对大学生择业起着很强的导向作用，以就业为导向的职业学子适应产业文化更是学生就业的基础。

产业文化所决定的工作方式、生活方式将直接影响毕业生在企业的发展。一个企业怎样对待新员工，有怎样的工作文化，怎样的思维方式，是否要经常加班，是否干涉员工私生活，是否给员工培训机会等等，都影响着员工对企业的忠诚度和满意度，影响到员工的敬业态度和职业责任感。如果毕业生不能适应某公司的人际关系，不能理解上司和领导对待员工的管理方式，就无法有创造性地为公司服务。因此，高职学生在择业时，对公司企业文化所影响下的工作环境进行详细了解、认同是十分必要的。

产业文化对员工的职业道德、核心观念、价值取向、行为方式等有着重要的影响。高职院校毕业生能否适应产业与自身的发展，毕业生对产业文化的认同及适应是至关重要的方面。因此，加强高职学生产业文化教育，帮助高职学生适应未来就业企业的文化是职业院校和企业共同的责任，是校企文化层面融通的必然。

切实有效的产业文化教育可以帮助高职学生提前学习和践行职业行为规范、职业行为准则，了解优秀企业文化，在潜移默化中接受产业文化熏陶，提高职业“文化”人意识，达到学生毕业后尽快适应工作岗位，在心理上、行为上、文化上等都实现校企之间的“零过度”。同时，也有助于高职学生塑造“个人品牌”。企业塑造形象的同时达到个体塑造品牌，企业和员工同时提升核心竞争力。学生应该把职业当作人生的目标来经营，准确定位、修炼人格、精通专业、提升素养、树立强项。产业文化教育有助于高职学生合理选择学业方向和规划职业生涯，从踏入校园的那一刻起，就相当于开始了“个人品牌”的塑造及文化的修炼。

高职教育培养目标的特殊性，决定了高职院校的学生应该在什么样的氛围中学习和锻炼。如何让这些“灰领（银领）人才”在毕业后迅速地适应现代产业的管理理念和方法，自然融入现代产业文化的环境氛围中去，成为现代产业文化的优秀传播者、建设者及继承者，完成从“自然文化”到“自觉文化”的顺利转变，从“校园学生”到“产业员工”角色的平稳过渡，这些都要求高职院校在学校教育教学中科学构建实施产业文化教育的渠道和有效平台，使高职学生在校期间能够领悟产业文化，接受产业文化，工作中践行产业文化。

高职院校在学校教育教学中科学构建实施产业文化教育的渠道和有效平台，使高职学生在校期间能够领悟产业文化，接受产业文化，工作中践行产业文化。

第三章　高职院校产业文化教育

高职院校和产业、行业、企业间有着天然的联系。校企文化的融合是对高职学生进行产业文化教育的有效途径。这种融合，应渗透和体现在我们教育、教学活动、校园文化建设的方方面面。探索总结我国高职院校多年的教育经验，开展产业文化教育可以有以下几方面具体做法。

一、构建融入产业文化教育的高职素质教育模式

1. 产业文化进课堂

开设“现代职业人”或“产业文化教程”课，同时引入优秀企业的先进文化，将产业文化教育纳入人才培养方案中，在教育教学过程中贯彻企业管理制度、企业规范等，加强产业文化的渗透。相关课程的开设必将引导学生向优秀产业文化要求的职业人方向发展，对于高职院校打造有别于其他院校的品牌特色校园文化也具有重要作用。

2. 产业文化进学生管理工作

对学生干部的选拔、考核和管理可参照企业人事管理、约束机制和考核的标准进行。比如，可建立学生会值班制度，随时服务学生。对学生干部进行出勤等条目的考核，并与“优秀学生干部”的评选挂钩。年终考核按照“德、能、勤、绩、廉”的标准进行。学生会举办各类活动，严格遵照流程审批，要求学生干部呈递计划书、经费审批表等。

3. 产业文化进实训基地

建立校企合作生产实训基地，聘请企业管理和技术人员进行管理和指导，从实训基地的构建及设备的选型等等严格按照企业标准进行。生产实训基地布置可按照6S标准进行，让学生身处其中，切身体会6S中整理（Seiri）、整顿（Seiton）、清扫（Seiso）、清洁（Seiketsu）、素养（Shitsuke）、安全（Safe）的具体含义。学生在生产实训基地工作的过程中可以锻炼职业礼仪、着装礼仪、沟通技巧等职业技能，并熟稔部分企业法则，了解成本意识。在实训基地导入企业文化元素使学生仿佛置身于企业中，感受企业文化的熏染，感悟良好的职业素养，以达到环境培育职业人的目的。实训基地按照企业的环境模式构建真实的训练环境，构建具有企业文化内涵的实训基地表层文化，外观体现高职教育与企业相融通的特色，实现环境的企业化，使学生步入生产车间实习仿佛置身于企业中，以达到学生身份与员工身份的有机融合，提高学生的职业道德素质和职业能力，为以后的职业生涯打下基础。

5S 最早起源于日本现代工厂管理中，在日语发音中，5 个 S 第一个字母均以 S 起音，因此称之为 5S，5S 作为一种企业管理基础工程，实施后成绩显然，而逐步流行到除日本以外的其他国家和地区，并越来越受到广大管理者的重视。随着企业发展变化，在原来 5S 基础上增加了安全，也即我们今天讲的 6S 管理。

4. 产业文化进顶岗实习

为加强实践教学环节，高职学生在大三学年，进入建立校企合作关系的企业进行实地生产实习实践。校企合作顶岗实习教学模式的实施弥补了学生动手能力的不足，促进了学生职业意识、职业态度的形成。学生在顶岗实习期间，学院可派出专职教师进行跟踪指导，并协助就业辅导员对其进行心理上、行为上的引导。企业应委派员工，作为学生在企业的“师傅”，对学生进行生产技能上的培训和指导，使学生从企业氛围到人文环境感悟产业文化，力求使学生在工作岗位上有所收获，不断成长。

5. 设立“三个素质包”课程

（1）职业素质包。职业素质是劳动者对社会职业了解与适应能力的一种综合体现，其主要表现在职业兴趣、职业能力、职业个性及职业情况等方面。院校可通过产业文化课程的开设培养践行学生的职业素质，同时通过课堂讲授、活动开展、主题班会等手段潜移默化引导学生树立职业理念和职业意识，比如，开展职业礼仪的主题班会，教会学生在与人交往的过程中需要注意的言谈举止，了解职业人的素质标准，向合格职业人的标准靠近。

（2）就业与创业素质包。学生走出校门步入社会后，可以选择就业，也可以选择创业。学校有义务在学生在校期间传授其职业生涯规划、就业和创业的相关知识与能力。学校可鼓励学生参与学校举办的各类技能大赛和社会实践，在参与的过程中掌握职业生涯规划的意义及就业和创业实实在在的本领。

（3）高技能素质包。高技能人才属于应用型人才范畴，其与知识型、学科型、研发型、创新型人才有本质区别，也与一般技艺型人才有明显不同。其本质特征是具有专业基本知识和基本技能的实际应用能力，即具有鲜明的实用性和实践性；其规格特征为高等技术应用型人才，即具有明确的高层次性；其行为特征是知识与技能的应用活动不是机械地模仿和简单地劳动，而是在“应知”基础上“应会”的智能性行为。也就是说，我们的高职毕业生应是技术工人队伍中的核心骨干，所在的岗位是产业中技能含量较高的岗位。我们每个专业的学生仅具备一定的专业技能是不够的，还必须有学习能力、可持续发展能力等，这些都要求高职学生应具备的产业文化底蕴。高职院校应以“职业素质、知识结构、动手能力”为培养要素，全面培养学生的“高技能、高素质”。

6. 产业文化体验式培训

体验式培训是一种非常有效并且具有深刻影响力的培训方式。一次亲身体验胜过百次口头讲解。比如，我们学生学习测量仪的操作，老师讲整整两节课学生也未必搞得清怎么调，但动手自己操作一下，可能不到五分钟就完全掌握了。

因此，开展真实情境的职业锻炼是极其必要的。院校可根据企业实际生产环境设计仿真实训室、模拟实验室、构建生产性实训基地，营造出真实的企业氛围和环境，在真实情境中运用项目教学法、任务教学法等等，让学生在工作任务完成过程中，培养敬业精神、责任意识、质量观念、服务态度、动手能力、团队协作、承受能力等职业素质。日常教学活动中企业文化的软性渗透，必将起到润物细无声的效果，既培养学生的职业能力，又使学生在实践中能够很快地融入企业。

日常教学活动中企业文化的软性渗透，必将起到润物细无声的效果，既培养学生的职业能力，又使学生在实践中能够很快地融入企业。

二、产业文化教育融入素质教育模式的注意事项

1. 学生层面

高职院校学生多是 20 岁左右的青春少年，有着自己的梦想和想法，喜欢天马行空、无拘无束。产业文化恰恰倡导的是在规章制度之内行事，具有很强的约束力，这无疑给产业文化在校园中的实施带来了挑战。此外，学生进入学校，就已定位了自己的学生角色，而产业文化又要求学生以现代职业人即员工的身份要求自己，如何解决这两个角色之间的矛盾是学校迫切需要解决的问题。在实施产业文化教育的过程中，应该小火慢炖、循序渐进，不能急功近利，否则会适得其反。

2. 教师层面

高职院校的很多教师是从高校毕业之后直接迈入教师岗位的，对产业文化知之甚少，没有亲身体验，很容易犯纸上谈兵的错误。教师在向学生传授产业文化的同时，应该增加和企业接触的机会，定期到企业参与锻炼，亲身体会优秀企业的优秀文化，学以致用，再把所学的感悟教授给学生。

3. 学校层面

产业文化教育是需要在学生精神层面进行贯彻和渗透的，不是一蹴而就的事情，需要进行大面积的推广和宣传，潜移默化地感染学生。高职院校需要积极跟上时代需求，创新产业文化的多渠道宣传模式，有效地利用自身的各种媒体资源，如板报、宣传橱窗、校报、学报以及网络平台，积极宣传优秀的产业文化，使广大学生了解产业文化，熟悉产业文化。面对高校教

师实践少的现状，应该鼓励并提供机会让教师到企业参与锻炼，提高教师的产业文化素养。学校应积极联系优秀企业参与到学校的教学管理中来，定期到学校开展讲座和研讨会，避免产业文化教育书面化、肤浅化。

三、完善校企合作模式

校企合作，是实现“供需吻合”的最好办法，即高职院校所供给的，正是社会所需要的、产业所需要的、企业所需要的。完善校企合作模式，提高校企合作的深度和广度，正如调查结果显示，目前高职院校在文化层面的校企合作流于表面，企业对高职院校人才培养的作用没有真正发挥出来。高职院校要输出符合社会需求的适应性、可持续性发展的人才，需要配套的专业课程相辅佐，这些专业课程能否与时俱进，也需要通过校企合作来检验和调整。因此，升级并完善校企合作模式，提高文化层面校企合作的深度和广度是提高高职院校人才培养社会适应性的有效途径。合作模式如图 3-1 所示。

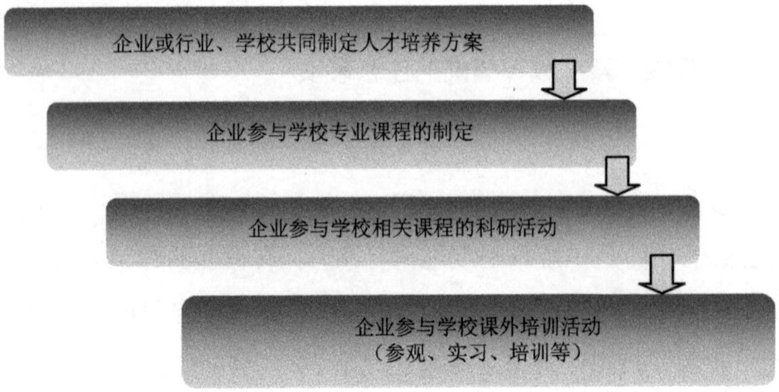

图 3-1　校企合作新模式

目前，我国高职院校企合作仍处于初期探索阶段，什么样的模式更有利于培养高社会适应性的人才，仍需要通过不断的沟通交流来总结分享。这方面，广东农工商职业技术学院国际交流中心已经做出了尝试。他们在专业课程选择上，不断同企业交流，选择教授与社会需求相对应的课程，并邀请企业参与国际交流中心的教学科研活动，共同探讨高职教育人才培养的方法模式。与此同时，学校国际交流中心积极同国外企业合作，开展“中美、中德、中新”实习实训项目，如 Work and Travel USA，即“学生暑期赴美带薪实习”项目。从 2009 年开始，国际交流中心每年都有学生参与这项跨国实习项目，参加带薪实践工作，体验真实的美国产业文化及技能技术，并达到素质拓展、增加阅历的目的。

北京电子科技职业学院电信工程学院也是校企合作的优秀职业院校。学院的计算机网络专业积极与国内外知名企事业单位合作，引进优质教学资源，与思科公司合作成立了思科网络技术学院和岗前实训基地，与H3C公司合作成立了H3C网络技术学院，与SUN公司合作成立了认证培训中心，与Redhat公司合作成立了网络学院和华北地区师资培训基地，与蓝波今朝科技有限公司、北京坤腾世纪科技有限公司、汉远网智信息技术有限公司等网络系统集成及培训公司合作开发课程和建设实训室。计算机应用专业与北京月明网络开发公司、北京迅扬时代科技有限公司、北京数字鱼通信信息技术有限公司、新浪（Sina）、盛大、中科奥、数字顽石、摩卡世界、电玩巴士、秦异烽火台、魔龙国际等几十家专业进行手机游戏及3GWindows Mobile移动应用开发的企业合作，建立了校外实训基地并签署了和“定单式”培养协议。应用电子专业建有Altera联合实验室、Intel嵌入式技术联合实验室、北京百科融创科技有限公司培训中心等。通信技术专业与华为技术有限公司、中兴通信、诺基亚西门子有限公司、福禄克公司及北京通信管理局职业技能鉴定中心等企业合作，共建实训基地，从文化层面乃至技能层面联合培养高素质、高技能应用型人才。

校企全方位融通，从文化层面乃至技能层面联合培养高素质、高技能应用型人才。

高职学校关于校企合作的多种模式探索，不断深化校企合作的全方位，不仅有参观、实习及培训，还有更多的文化的融通、交流、合作，只有这样才能真正发挥校企合作的积极效应，培养适合社会需求的高适应性人才。

四、深层次地推进校企产学研合作

校企之间的多方位结合，是高职院校接轨企业、营造浓厚产业文化氛围的有效途径。如何有效地在高职院校将产业文化融入校企“产学研”中，按照常规的理解，“产学研结合”似乎是与“雄厚的科研力量”相伴而生的，似乎只是高端本科院校的事。大多数高校与企业合作的事实也是如此，产学研结合本就是产业、学校、科研机构三方共同合作，形成强大的研究、开发、生产的一体化系统。与本科院校相比，高职院校的教育基础、师资力量、原始创新能力相对薄弱，承担国家基础性以及重大攻关项目和拥有自主知识产权科研成果的数量相对较少。若照搬一流本科院校产学研结合的模式，如科技成果孵化、技术转让、依托学科优势创办科技企业和创办大学科技园等，显然是不现实的。但如果仅仅停留在企业提供训练场地、参与实训指导等层面上，那么产学研结合的范围就比较狭窄，内涵就比较肤浅，成效也就比较有限。那么，什么样的产学研结合模式适合于高职院校，并能将产业文化贯穿于产学研始终，达到使高职学生、高职教师、高职学院、企业真正受益，形成多方共赢的局面。

总结和借鉴部分高职院校的经验做法，产学研结合可采取以下两种切实可行的模式：

1. 面向行业需求，按企业“订单”培养紧缺型高素质技能人才

国民经济的发展急需大批有一定技术知识的高技能实用型人才。过去由于高职院校与企

业联系不够，脱离企业的实际需求，教学内容陈旧，技能训练缺乏，导致毕业生的数量和质量无法满足企业要求。近年来，有些高职院校主动走近用人单位，与企业进行合作，根据行业技术发展、文化发展需求，实行“订单式”培养人才，这不仅可以解决需求矛盾，而且使校企实现“双赢”。具体体现在：

（1）学校根据企业所需要的人才知识结构和实际技能需求，制定相应的教学计划、教学内容、技能培训、素质培训措施，大大改变过去教学计划指定的盲目性。

（2）目前，技术发展日新月异，高职院校教师的知识更新，将直接影响教学效果。通过与企业合作办学，企业可以派有理论知识、有实际经验、具备产业文化底蕴的人员到学校进行教学，讲授最新最实用的知识；学校也可以派教师到企业参加工作，为企业解决生产实际中的技术难题，提高教师的知识水平、工程素质和产业文化知识。因此，高职院校可借助这种产学研结合形式，建立一支新型的“双师型”师资队伍。

（3）校企联合办学，学校可以充分利用企业先进的生产条件、生产设备，使学生在学习期间就能真正接触到实际生产经营活动，受到充分的产业文化教育。

（4）对于企业来说，通过“订单式”培养所得到的人才，熟悉本企业的管理环境，更熟悉产品性能、生产工艺流程、企业文化氛围，进企业后便可立即上岗，“即到即用”，领悟接受企业文化，节省了企业培训时间，减少了企业人力资源成本。而且这部分人才具有一定的理论知识及综合素质，成长较快，很快便可以成为企业的技术骨干，成为企业持续发展的新鲜血液。

2. 面向企业结合点，为企业开展应用性技术服务和在职人员培训

高校的科研，不仅仅是开展基础理论研究、开发核心技术、承担国家和企业的大工程、大项目，也包括应用性技术问题的解决。为企业解决在产品开发和生产中存在的大量应用性技术问题，也同样能够取得良好的社会效益和经济效益。以数控技术应用为例，许多小型企业、民营企业并不掌握数控加工工艺编制，缺乏三维 CAD\CAM 软件和高档数控设备的使用人员和二次开发能力，不善于设备的维护维修。在这方面，高职院校具备得天独厚的优势资源。高职院校应充满自信地瞄准这一合作地带，主动到企业开展调查研究，为企业解决技术问题。院校则应制定相应的政策，鼓励教师为企业服务，调动教师承担企业研究项目的主动性和积极性。

高职院校的实训基地，除为本校的教学服务外，还应当为行业企业服务，这也是与企业全方位结合的重要内容。一是利用实训基地承担企业产品零部件的加工，直接为企业服务。通过承接对外加工，也可让学生融入其中，培养双方学员高度负责的工作态度和“真刀真枪”解决问题的能力，同时密切与企业的联系；二是利用实训基地为企业培养在岗的工人、技术人员，提高他们对新技术的了解；三是利用实训基地，发挥教师力量，为企业开发或进行新产品试制，帮助企业进行技术革新的实验。

深层次产学研结合是高职院校生存与发展的必由之路，同时对学生来说，更是接受产业

文化教育的最好形式。

拓展产学研合作的模式及内容，深层次产学研结合是高职院校生存与发展的必由之路，同时对学生来说，更是接受产业文化教育的最好形式。

[案例]：

中国高职教育的“四个合作”

来源：《中国青年报》（2011 年 04 月 18 日 12 版）

2004 年 4 月 28 日，中山高新区的中山火炬职业技术学院宣布成立，该校当年申报、当年获批、当年挂牌、当年招生，是当时 54 个国家级高新区中第一所公办高职院校。她的诞生完成了高职教育的快速发展。

从 2004－2011 年，短短 7 个年头，她的跨越式发展得到了大家的认可。先后成为：国家骨干高等职业院校立项建设单位；广东省示范性高等职业院校立项建设单位；广东省职业教育先进集体；广东省普通高等学校就业工作先进集体；国家教育体制改革综合试点；中国高新区（装备制造与汽车技术）人才指定培养基地；中央财政支持包装印刷实训基地；中央财政支持装备制造实训基地等。面向全国单独招生；面向广东自主招生。

这些成绩及荣誉的背后，既承载着使命，又充满着汗水。“四个合作”是这所国家骨干高职院校建设的抓手！

办学合作模式

由于学院处在 7 大国家级产业基地、上千家规模企业的氛围之中，企业既是学院的服务对象，又是办学的天然资源。学院的内涵建设与符合企业要求，人才培养完全符合国际现代化的、先进的职业教育理念。中山火炬职业技术学院在 7 年的成长中扩大了学院的规模、美化了校园、改善了条件。内涵建设突飞猛进。

中山火炬职业技术学院合作办学的理念来自积极适应经济社会发展的需求，来自对高职教育核心理念的参悟。主动和自觉走合作办学之路，是该职院的积极选择。在合作过程中，政府、学院、企业紧密联动构成合作过程，逐步搭建起“三元主体”办学平台。“三元主体中政府、企业、学校都承担各自的责任。如：中山高新区管委会出台了《中山火炬职业技术学院兼职教师政府津贴实施办法》，该办法规定，凡是中山高新区辖区内各企业的技术骨干和管理精英，到火炬职院兼职任教，均可申请 6000～20000 元不等的政府奖励津贴。这项津贴，是政府在学院年度预算之外，额外增加的特殊津贴，总额高达 180 万元。除此之外中山高新区为为发展职业教育而出台的特殊政策还有很多，如：成立了区管委会、区属六大总（集团）公司、学院三方参与的学院董事会；成立了由区管委会领导任组长，统筹安排学生实训；并对接纳学生实训的企业予以补贴；成立毕业生就业工作指导委员会，统筹学生就业。

学院的实习实训校区占地200亩，建筑面积12万平方米。最早这片区域隶属中山火炬工业开发总公司，是整个中山较早的工业区的产业平台。随着产业结构的优化升级，及受全球金融海啸的冲击以及“双转移”政策的影响，此前入驻的一批企业，有的倒闭有的迁至内地，这片厂区曾一度大面积闲置。在企业需要盘活物业资源，学院需要改善实训条件，政府需要应对金融危机的三方的利益诉求下，通过政府协调，校企联合办学的协议迅速签订，由政府、学院、企业三方人员共同组成的校区管委会随即成立。这是“政府牵线搭桥，校企同台唱戏”的杰作。通过这一平台上，校企双方根据学院专业发展的需要，采用了“多形式参股”的实训基地建设模式。此模式为选择对口企业，将场地、设备、资金、技术、专利、人才划分成若干股，分别由工业开发总公司、学院、入驻企业选持股份，持股方按一定比例分配红利。实训基地完成建设，构建了高职教育“中山火炬模式”的物质实体。

入驻校区的10多家企业均与学院的某一专业紧密对接，企业按协议规定接纳学生实习实训，各专业根据企业生产任务组织教学，学院的部分兼职教师由企业的高级员工担任，而学院专业教师被聘为企业技术顾问，实习实训学生则成为企业员工。这种以“双赢”为基础的合作，让校企双方成为利益共同体，有效克服了校企合作中“校热企冷”的“两张皮”现象。

职业院校与企业公司的携手合作，给职业院校带来希望的同时，也使企业得到实惠，增强了政府得信心，同时也推动了几方的进一步合作。

职业院校服务经济建设的能力进一步提升。2011年3月15日，中国高职高专网发布了这样一则消息：中山火炬职业技术学院提出并参与建设的项目——中山市人防主题公园，被列为中山市政府2011年重点工程的子项目。消息称，中山火炬职业技术学院以自身智力资源，引来政府投资建设人防基地，并作为专业基地培养人才，是高职院校办学体制机制创新的又一次成功实践。

与此同时，学院与中山火炬工业联合总公司达成了合作意向，公司与职业院校利用双方优势，共建分校或涉外学院，对接中船、中铁、国电、广机、纬创等央企和跨国上市公司，为这些产业巨头提供贴身服务，开展深度合作，搭乘临海工业园这艘产业航母，并以此为依托，放眼世界，打造国际视角的职业教育联盟，开创一条国际化的合作办学之路。

育人合作模式

2009年11月10日，广东省高职高专人才培养模式改革研讨会在学院召开。会上职业学院在人才培养模式创新方面所取得的成绩得到大家的认可。与会领导认为：火炬模式一定会成为职业教育的一个崭新的模式，必定对人才培养模式的改革、企业转变用工模式以及企业的自主创新能力和生产模式的改变都会带来很大的影响。人才培养模式的创新贯穿学院跨越发展的始终。中山火炬职业技术学院通过校企结合，由学校来招商选资，引入企业来办实训基地，基地以培养学生为主体，让学生真刀真枪地干，解决了职业教育办学资源短缺的“瓶颈”问题，给学院实践教学带来了生机。

早在2007年，职业院校处于“本科压缩饼干”模式，中山火炬职业技术学院对此提出了根本性的改革设想。随即，便有了“中山火炬模式”的内涵特质——“三三五”人才培养组合机制的出炉。所谓“三三五”机制：第一个“三”是指“三个累计一年”，根据工学有序交替，将学生的三年学习时间划分为三个时段，每个时段累计一年；第二个“三”是指学生毕业时要获取的三种证书，即毕业证、技能证、素质拓展证（素质拓展以活动为载体，以课程为支撑，用积分来考核）；“五”是指将学生的岗位实习教育切割为五段，每个阶段有任务、有监控、有考核，过程监控，有效避免了“放羊”现象。比如电子工程系一直积极探索“五段式顶岗实习”模式，这种模式是指对顶岗实习采用“循环渐进、分段实施”的方法，将实习过程分为五个阶段，具体包括认知性实习（2周）、高级职业资格证书技能考证性实习（6周）、适应性岗位实习（4周）、生产性岗位实习（12周）、就业性岗位实习（12周）。实习过程中采用“轮换岗位”“校企双导师指导”“加强过程考核”等手段来保证实习效果，避免了传统实习模式单一、考核方式简单所造成的实习质量不理想的问题。

此后广东省教育厅也不断地对中山火炬职院在探索校企深度合作道路上形成的人才培养新机制予以研究推广。

“三三五”机制是对教学管理和教学组织形式的创新，是教改的成功尝试。但要触及人才培养模式改革的核心，必须了解企业对人才规格的真实需求，必须通晓生产一线各种岗位的技能需求，必须及时掌握行业最新的通用标准。这就要求人才培养模式创新深入到课改层面——调整专业设置，重构课程体系。

无论“教改”，还是“课改”，离不开企业的参与；企业要招到满意的员工，必须用最新的岗位能力标准和技术成果，支持学院人才培养模式改革。这或许就是合作育人的辩证逻辑。

2010年3月30日，学院领导创造性地提出了专业建设和课程重构的“深海探珠”计划，要求专业教学团队要带着任务深入企业生产一线的“深海”，去获取课程改革的“珍珠”（第一手资料）；要带着问题钻进生产一线，掌握生产环节、岗位群的运作衔接；要带着成果浮上来，把研究成果编成校本教材，重建课程体系。这便是“沉下去—钻进去—浮上来”的“深海探珠”计划。

例如：包装印刷系的一名专业教师，带着落实“深海探珠”计划的任务，他的主要任务是和企业合作开发《纸箱生产》教材，对相关课程进行改革，并与企业共同进行技术研发。“深海探珠计划”让他获益良多，他认为：既可以校企合作编写教材，又可以了解企业用人标准与人才培养状况、企业的整体架构和生产工艺流程，熟悉先进生产设备的操作等，同时将这些反馈到学生的教学和实习实训之上，大大提高了人才培养的质量。一年来，带着任务下企业的教师超过 50 人，他们均收获了不同形式的课改“珍珠”。新成立的光电工程系更是获益良多，他们将光学企业的岗位能力构成分解为 15 项任务。“深海探珠”计划为教材建设之路开辟了崭新的视角，该系与企业共同合作编写的《LED 应用技术岗位任务解析》《光学加工与检测岗位工作任务解析》《企业公共岗位工作任务解析》三本教材将应用于学生顶岗实习，主要针对学生在专业工作岗位中可能遇到的 15 个典型工作任务做出详尽说明，重点描述每个工作任务所需的专业知识、专业技能、实际操作步骤、问题解决方案等。他们认为：学生毕业后，其他书用不着都可以丢掉了，但是这套书是不会丢的，是非常实用且好用的“工作手册”。

信息工程系在落实“深海探珠”计划中，积极探索“一揽子”改革计划，也就是“4334”的发展模式。第一个“4”是按照企业化标准建立 4 个工作部，统筹系部资源；第二个“3”是设立 3 个工作室，加强校企合作；第三个“3”是构建 3 套体系，主要是管理、专业、课程的体系；第四个“4”是搭建 4 个课程平台，包括通用能力、专业通用能力、专业基础能力、专业核心能力等课程群。

在 2010 级新生的开学典礼上，市领导鼓励今时今日的大学生要珍惜现在优越的读书条件，磨砺意志，培养艰苦奋斗精神。一要尽早树立起为之奋斗的理想；二要注重学习能力的培养，建构起对知识的认知能力和应用能力。在典礼仪式上，20 余名新生领到了他们跨入大学校门的第一份奖学金。这是学院推行“优生优育”的第一项举措。这一年，报考学院的考生中，500 分以上的学生近 900 人，部分学生的分数超过了当年中山大学的本科录取线。当这些优秀学生还未踏入校门，学院已为他们量身订做了一份见面礼——“分层教学，优生优育”。“优生优育”的一项重要内容就是让学生提前进入企业的研发岗位。“分层教学，优生优育”是基于生源的多样化。随着高职教育的改革和发展，学院的生源趋向多样化，包括通过高考的普通高中毕业生和中职学生，还有自主招生录取的中职学生等，针对基础和特点不一样的情况，学院积极探索分层教学的模式。去年 11 月，通过笔试和面试的选拔，110 名高考成绩 530 分以上的 2010 届新生成为首届教改实验班学生。教改班的第一阶段主要为学生开设具有一定深度和广度的公共基础课、大类基础课和学科竞赛训练课，夯实数理基础，拓宽知识面；第二阶段教学计划通过加大实践环节学分比例，重点强化对学生创新能力和实践能力的培养，提高综合素质，还按照“四师一生”的标准为学生聘请导师。导师根据学生的基础和特长指导学生的后续选课计划、实习实训及毕业综合实践环节，对学生进行个性化辅导，指导学生正确做好职业生涯规划。希望从中发现苗子，拔尖培训，让他们参加高水平的技能竞赛和技能等级考试。”

就业合作模式

2011 年 2 月，学院被评为广东省普通高校就业工作先进集体。自学院首届毕业生到如今，就业率均在 99%以上。尤其在近两年，火炬职院的每位毕业生均受到 3～4 个“婆家”的青睐，在时下大学生正费尽心思“找工”的时候，火炬职院的毕业生却在“三心二意”地“挑岗”。高就业率得益于“五位一体”的合作就业。学院积极探索学校、学生、社会、企业、家庭五位一体的就业模式。充分整合优质就业资源，充分调动学生、学校、社会、企业、家庭的就业积极性，构建多渠道、立体式就业平台，为广大毕业生提供优质就业服务。通过加强创业创新教育，加强就业指导，加强学生职业生涯规划指导，实现从数量就业到质量就业的根本转变。

于是，就业率不再是衡量就业工作的主要指标，就业质量已成为学院更为关注的话题。考察就业质量，主要看以下三项指标：一是毕业生的月薪收入；二是考察毕业生在企业中就职的岗位层次；三是用人单位的满意度。学院在追求优质就业的道路上迈出了重要的一步。

学院与企业深度融合，合作开办订单培养班，实现学生入学即就业。如“松德包装印刷机械有限公司”冠名的订单培养班，该班的学生在进入大学二年级的时候，就被企业“团购”了，大部分由松德公司聘用，还有一部分被与松德有合作业务的企业预订。像这种学生一进校门就成为企业人的订单培养班还有纬创班、中荣班、中智班。目前，学院正与即将进驻中山高新区的著名央企密切对接，开展水平更高、规模更大的订单培养，让学生一进校门就成为企业人，实现“零距离”就业。

2010 年 9 月 8 日有媒体报道学院 2008 届毕业生李育智赴墨西哥的企业提供技术支援的情况，介绍了他尚未毕业就被中山目前产值最大的公司——纬创资通（中山）有限公司预录，又因工作表现出色高薪派驻墨西哥分厂担任工程师。像李育智这样，被公司派往国外进行技术支援、担任项目经理的毕业生还有很多，仅在上市企业纬创资通（中山）公司里就有 10 余个毕业学生，分别代表公司赴美国和东欧、南美、东南亚拓展业务。

他们正以火炬职院人的身影活跃在国际商界的大舞台，成为学院走向国际的开路先锋。

发展合作模式

2010 年，是“十一五”的收官之年，中山高新区的生产总值为 260 亿元，是 10 年前的 5 倍；工业总值达到 1130 亿元，是 10 年前的 4 倍。截至 2010 年，学院含继续教育在内的毕业生，累计近 6000 名留在中山高新区就业。这支初具规模的军团，对处于后工业化阶段的中山高新区来说，无疑是一台强有力的“助推器”。2010 年，学院装备制造系的学生在中山市立泰电子工业有限公司进行适应性顶岗实习期间，创下了该公司成立以来流水线每小时单产的最高纪录。虽然我们很难用一套公式准确计算出这支军团对经济社会的直接贡献度，但我们可以从生产实训校区这一个案例，来做一种微观的剖析。

仅在 2010 年，学院生产实训校区各家企业的工业总量达到 4 亿元，在这一平台上产生了 25 项发明专利，30 项实用新型专利。撇开校企合作的经济效益不谈，单从教育规律和市场原则交互作用的角度来审视，校企双方正走向“一体化发展”的道路。该校领导认为：我们坚持校企深度融合，学生工学交替，在这个过程中我们实现了“五个一体化”，即生产、育人、研发一体化；人才资源开发一体化；“输血和换血”一体化（学生到企业实习实训，学校为企业员工提供培训）；校园文化和企业文化一体化；校企经济效益一体化。这五个“一体化”彰显了校企深度融合的特点，也是校企合作互相共赢、共同发展的模式。高职教育的合作发展，其核心是以人为本的发展，人的发展是最根本的发展。

2010 年在意大利世界残疾人自行车锦标赛上斩获两块金牌、并打破世界纪录的梁贵华，载誉归来的首站就选择了母校。世界冠军对学院的归宿感，源于学院对学生肩负的社会责任感和优质服务。

以服务换资源，以资源促发展，这是学院一贯坚持的发展原则。为了提高服务水平，集聚优质资源，提升发展质量，学院又有了新的创举。

深化教学与科研结合，培养师生研发能力，提高社会服务能力，建设教师工作室。新能源工作室就是学院的一个示范性教师工作室，由学院电子工程系与中山科普斯特科技有限公司共同组建，工作室的负责人既是科普斯特的法人代表，同时又是学院实训校区的顾问，仅去年一年，工作室负责人就成功申请了 14 项发明专利。目前全球最薄、最轻的笔记本电源适配器，全球技术最先进的手持隔离式电动汽车充电器，就是由他带领学生在工作室里研发的成果。对于人才培养，他有自己的观点：“一是放手培养，让学生动手去做，掌握技巧和要领，有独自发现和总结规律的能力；二是提炼出经验，从实践过程中能将客观和理性的东西挖掘出来，并能够指导他人。我们不是培养生产线上的工人，而是培养有组织、有管理能力的人才。我们工作室作为一个小的试验田，学院的改革都可以在这里先试先行。我的公司坚持用自己的学生，假如对自己培养出来的人才没有信心，那是教育的失败。”

像这样的工作室，在 2011 年之内，每个系至少要组建一个。学院不仅要培养人才，还要在通过掌握核心技术培育企业，将人的发展与企业的发展有机融合。

这就是学院的自信，也是学院持续发展的源源动力。

高职院校中这种深层次的融化发展，是产业文化进校园、进课堂的有效途径，也是高职院校可持续发展的动力，更是高职学生领悟产业文化达到提高自身综合素养，融入企业，与企业“零距离”接触的有效的措施。

高职学生领悟产业文化达到提高自身综合素养，在校期间能够融入企业，与企业“零距离”接触。

第四章　高职院校产业文化教育的成效

一、建立检验标准体系的重要性

从一定意义上来说，教学过程就是一种特殊的生产过程，高职学生就是学校向社会输出的产品。说它特殊是因为其有别于工厂式的生产过程。在工厂式的生产过程里，生产者就是生产者，产品就是产品，而在学校的教学过程里，学生既是产品也是生产者之一，老师和学生共同携手进行“生产”才可能造出合格的“产品”。

任何“产品”的生产过程都离不开检验标准，教学过程也同样如此。为促进教育目标的实现，产业文化教育进课程后，相应的教育效果检验标准也须同时建立，且这套检验标准必须明确、细致、可操作。有位管理大师说得好：你永远干不好检测标准制定不清的事情。

目前的高等教育评价体系，考 60 分就意味着该门课程合格了，如果所有的课程都合格了就可以拿到学校颁发的毕业证了。但我们是否想过，考 60 分是否就达到了课程的培养目标，拿了毕业证的考生是否真正达到了专业的培养目标呢？是否能满足企业及自身发展的需求？历史上，在少林寺学武的俗家弟子，平时要刻苦练习师傅给自己安排的各种套路和技击练习；一种套路学完并经过师傅认可之后才可以进行另一种套路或技击的学习。经过多年修炼的俗家弟子，如果有一天要还俗回家离开少林寺，必须得到少林寺对其所学能力的认可，那就是，要按少林寺的规定“打出山门”，以一敌百，通过了即可获得少林寺的“毕业证”。清代末年，一个叫吴轱轮（法名寂勤）的僧人闯过罗汉堂 108 弟子的棍阵，成为少林寺近代史上最后一个打出山门的人。百年才出一个，足以说明那个时代少林寺的“毕业证”具有相当高的水准。其对声誉的看重，对弟子的考核之严，何尝不是我们高职院校应该反思和借鉴的？

学生是教学过程的制造者之一。目前的教学系统忽略了这个制造者，因为教学过程中，这位制造者没有教学大纲、授课计划等关键教学文件，更不知道学到什么程度才算达到了课程要求的目标，他们只知道要考 60 分。教过课的老师或许都有这样的经历，当我们完成一门课程的教学后就会进入考前复习阶段，在复习的过程中，学生们常常会要求老师为他们划划考试范围和重点，其实这就表明学生们不清楚这门课程应该学到什么程度才算达到了教学目标要求。

对产业文化教育的评价与成果检验，应充分弥补目前教学评价的不足，才能使这项教育真正落到实处，彰显实实在在的效果。

在不断探索实践中，构建对产业文化教育的评价与成果检验的体系标准。

二、产业文化教育过程中的评价方式

在产业文化教育进课程的同时，应做好以下工作：

（1）构建校企双方人员参与的产业文化教育管理委员会。

（2）由该委员会按专业审核产业文化教育计划和课程标准。

（3）审核和确定产业文化教育目标和课程标准，针对每个目标及标准制定明确可行的检验标准。

目前高等职业教育的学生评价基本上沿袭了普通高等教育的评价方法和手段。《国家中长期教育改革和发展规划纲要（2010—2020）》中提出，要改革教育质量评价和人才评价制度。为了促进高职学生全面发展和终身发展、满足高职学生张扬个性的需要和践行“以人为本”的教育理念，必须对高职学生评价制度进行改革。高等职业教育培养的人才首先是高层次、高技术人才，有别于普通高等教育培养的人才，更加注重实践能力和分析解决生产中的实际问题的能力，同时又以较高的理论素养区别于中等专业人才；其次，他们掌握新知识、新技术、新工艺，具有某一岗位群所需要的生产操作能力和组织管理能力，并能够在生产第一线进行熟练操作、设备革新、工艺改进以及故障诊断和排除等。因此对高等职业教育学生的评价考核，除考核他们理论知识够用和实用之外，还应重点考核他们的实践能力和团队精神等非智力因素，也就是产业文化内涵及底蕴。不仅要考查学生知道了什么，更要考查学生“会做什么”“能做什么”“能做成什么”。

结合高职学生的特点，采用真实性评价更适合其课程的学习评价，对产业文化教育这类课程也同样适用。

1. 真实性评价的概念

真实性评价是与传统的考试与测评相对的一种评价，它是指在真实的生活环境中对学生的表现所进行的评价。它的核心是评价中有真实性评价任务，真实性评价任务是学习过程中有意义的、有价值的经历。真实性评价实际上是学习的一部分，是不断发展变化的，成功或失败只能用学生在新的环境中应用知识和技能的能力的具体事实说明。例如，在真实性评价中，一名学生为了解释缝纫机的零件，可能需要拆装一台缝纫机；为了解释一种药对某种疾病的作用，可能需要分析一个真实的病例。相反，传统的评价方法强调的是对缝纫机零件、身体各部位或者疾病特征的记忆。真实性评价要求学生完成复杂而重要的任务，运用最重要的知识、最近所学到的相关技能来解决现实的、真实的问题。真实性评价在评价上更加主观，但是它本身能够成为更有价值的教学要素，为教学提供更有效的指导。因此它更适合高职课程的学习评价。

与真实性评价密切相关的一个概念是表现性评价。从广义上讲，所有的学习评价都要测量和评判学生的表现。而表现性评价中的“表现”是狭义上的表现，即学生在真实情境中的表现（即学生在学习环境和学习内容相关的真实生活中的表现），为此就要求定期观察和评价学生在真是情境中的表现。真实性评价包含了表现性评价。

真实性评价满足的六条要求：

（1）它是现实的。任务本身或任务设计能复制在现实情况下检验人们知识和能力的情境。

（2）它需要判断和创新。学生必须理解并有效地使用知识和技巧解决未遇到过的问题，例如在制定一个计划时，解决方案不能只按照一定的常规、程序，也不能机械地搬用知识。

（3）它要求学生实际“做”。不要让学生背诵、复述或重复解释他们已经学过的或知道的东西。他们必须在一门课程中有一定的探索行为，完成一项“自我实现”的任务。

（4）完成现实的任务需要出色的判断力。要重复或模仿人接受“检验”的工作场所、公民生活和个人生活等背景。背景是具体的，包含着特有的制约因素、目的和群体。学生需要经历那些可能在职业场所或其他真实生活背景中完成任务的情况，而这些情况都是杂乱模糊的。也就是说，完成现实的任务需要出色的判断力。

（5）具备综合能力。它要评价学生是否能有效地使用所学知识、技能来完成复杂任务的能力。这也需要好的判断力。

（6）学会借助一定的手段。它允许适当的机会去排练、实践、查阅资料，得到关于表现及其作品的反馈，并能使表现和作品更加完善。这样可以提高学生的表现能力或才能。需要通过表现－反馈－修改－表现这样一个过程来训练学生的学习，使他们按照已知的高质量和高标准来完成作品，帮助他们学习使用有关的信息。

真实性评价的特点有五方面：

（1）真实性评价具有真实性，即评价的内容和情境是真实的，至少是仿真的，而传统的考试与测试中一般没有真实情境，尽管其内容与真实情境有关。

（2）真实性评价的内容直接包含于学习活动中，也就是说，学习评价本身乃是学习活动的一个部分或一个方面，它不是学习活动之外的，因此它具有典型的过程性，而不仅仅是评价结果，传统的考试与测验则一般来说仅指向结果。

（3）评价内容和标准是要让作为评价对象的学生事先了解的，甚至有时还重视征询学生的意见，而传统的考试与测验内容是不能让学生事先了解的。

（4）真实性评价是“反复的”“连续的”。而传统的考试与测验是一次性的、不连贯的。

（5）真实性评价能够为学生提供连续的反馈，从而促使学生的学习行为持续改进，而传统的考试与测验所提供的反馈往往是迟滞的，或者是一次性的。

真实性评价的价值：

（1）改变学生角色。学生不再是被动的测验接受者，而是评价活动的参与者，这些活动是用来发现他们能做什么，而不是去凸显他们的缺点。这种关注点的转移，可减少学生测验焦虑、增强参与评价自尊心；同时，学生也可以从真实性评价策略的多样性和高弹性中获益；再有，真实性评价呈现给学生的任务是有趣的、有价值的并与他们的生活密切相关的，它承认学生个体的选择，将使学生对学校、学习以及他们自己持更加认可的态度。总之，由于评价中学生角色的改变，这种评价将非常有助于学生身心的和谐发展。

（2）改变教师的角色。真实性评价要求一个主要以学生为中心的课堂，在这样的课堂中，教师的主要角色是辅助学生，对他们的学习负责，帮助他们成为熟练的自我评价者。教师角色的改变对他们来说具有重要的意义：教师更加愿意进入评价过程，他们既是设计者，又是评价者，从而保证评价课程目标；同时，真实性评价还能为教师提供检测学生进步以及评估自己教学策略所需要的信息。

依据上述真实性评价方法，高职院校的产业文化教育管理委员会应根据各个教育阶段的不同目标，做好不同评价标准设计。

师生互动做好真实性评价，根据各个教育阶段的不同目标，做好不同评价标准设计。

三、产业文化教育效果的最终检验方法

对学生进行产业文化教育的目的是提高他们的职业适应，尽快融入产业文化中，因此，学生的职业适应水平是检验产业文化教育效果的最佳方式。当然，最终的检验还是来自用人单位的认可。

职业适应，是指毕业生个体结束学校教育，进入职业环境，与这一特定的职业环境进行互动、调整以达到和谐的过程。职业适应水平则是毕业生个体某一时点上职业适应的程度。较高的职业适应水平，会增强毕业生个体职业稳定性，使其更好地服务社会，成为合格的技术人才。

对学生职业适应水平的检验可从三方面进行：

（1）职业技能适应水平。这是职业适应的基本内容，主要从实习生、毕业生解决工作问题的能力和完成工作任务的能力两方面来考察。

（2）职业人际适应水平。在职业组织情境中，与毕业生发生长久人际关系的对象主要有同事和领导。因此，对于人际适应水平主要从同事关系和领导关系的融洽度来考察。

（3）职业心理适应水平。这是职业适应中最高的适应层次。心理适应所涵盖的内容广泛多样，可主要从工作的喜欢程度和满意程度来考察。

通过对高职毕业生的调查问卷发现：在个人方面，先赋性因素，如父母的社会经济地位

对毕业生的职业适应水平影响并不显著，自获性因素如职业生涯规划能力、独立能力和职业技能掌握程度等影响显著。在企业方面，企业管理方式对高职生适应能力的影响显著，相较之下，工作内容对实习生、毕业生职业适应水平的影响相对不明显。而企业的管理方式，代表了一个企业的组织文化特征。这从另一方面说明了开展产业文化教育的必要性、重要性。

产业文化的重要性是在管理科学和行为科学基础上逐步演变产生的一种现代管理理论，是在科学技术迅速发展，社会化水平不断提高，市场竞争日趋激烈的条件下发展起来的。它的目的，就是以精神的（感情的）、物质的、文化的手段，满足员工物质和精神方面的需要，以提高产业所属企业的向心力和凝聚力，激发职工的积极性和创造精神，提高经济效益，满足社会发展。

在下面的章节里，本书将以电子信息类专业为对象，分别阐述计算机产业文化、电子产业文化与通信产业文化，并指导学生如何适应和融入产业文化，最终在产业文化的孕育下不断成长为优秀职业人。

第二部分　计算机产业文化

计算机产业具有知识密集型特征，具体为：生产技术和生产工艺建立在先进的科学技术基础上，资源消耗低；高端技术人员在职工中所占比重较大，劳动生产率高；产品技术性能复杂，更新换代迅速；科学知识、科研成果、技术开发迅速转化为现实的生产力。作为知识密集型的高新技术行业，高端计算机行业需大量专业技术和专业人才支撑，强调技术和人才的作用，强调技术资本和人力资本的投入。产业所属的企业核心竞争力主要是企业的核心技术能力和人员的专业素质。高职教育将计算机产业文化融入教学中，培养高职学生的专业文化素质。

广义地来讲，计算机、电子、通信产业都属于电子信息类产业，在分别阐述这三大产业文化之前，我们有必要对信息产业做一个简单的介绍，以使学生对其所学专业有一个更大视野范围内的认识。

从古代的飞鸽传书、烽火报警、驿站送信到现在的移动通信，从古代的结绳记事、算盘算账到现在的计算机互联网技术，人类的通信方式和信息处理方式经历了几千年的发展变迁。如今，现代信息技术已在全球范围内蓬勃兴起，迅速而深刻地改变着人们的生活，也从根本上改变着人类社会的方方面面，各国的政治、经济、科技、文化、军事、教育都因“信息社会”的到来引发了深刻变革。

信息技术，简称IT（Information Technology），包含了现代计算机、网络、通信、电子等信息领域的技术，可对声音、图像、文字等各种信号进行获取、加工处理、存储、传播和使用。它从三个方面延伸和拓展了人的听觉、视觉、感觉等功能：传感技术延伸人的感觉器官承担获取信息的功能；通信技术延伸了人的神经系统承担传递信息的功能；计算机技术延伸了人的大脑功能，承担信息处理的功能。

近几十年来，随着计算机互联网、移动通信技术、电子技术等现代信息产业的快速发展，以及其在各行业应用深度和广度的不断增强，我国信息产业迅猛发展，催生了各种新型商业形态和模式，如移动通信、电子商务、信息化生产与管理、互联网应用、远程教育、远程医疗等。在世界经济发展起伏不平的大浪中，我国信息产业发展规模越来越大，且一直保持高速增长的发展态势，社会效益和经济效益也愈加显著，同时，信息产业催生出许多新型职业种类，扩展了职业天地和发展前景。

从整个人类社会发展史来看，信息技术是迄今为止人类社会技术进步过程中发展最快、渗透性最强、应用最广的技术，信息产业持续高速增长，成为全球最具活力、规模最大的产业之一。

作为信息产业的一部分，计算机产业、电子产业、通信产业有共通的文化特征和企业文化，但处在信息产业链中的不同位置，它们又有着不同的发展态势和文化特色。下面分别予以阐述。

第五章　计算机产业与我们的工作和生活

自改革开放以来，我们身边很多东西都在发生着变化，要说发展变化最大最快的，那应该是计算机的更新换代和互联网的应用、普及了。在几十年前，人们看计算机，还像看天上的星星一样，觉得只可远观不可近触。在大家眼里，它是高科技、尖端产品。而今天，计算机已遍及学校、企事业单位，进入寻常百姓家，成为每个人及信息社会中必不可少的工具，成为人类进入信息时代的重要标志之一。

计算机和互联网的出现完全改变了我们原本的生活模样。即使你身在国外，与国内亲人也只是隔了一个显示器的距离。以往要做个学生的成绩汇总，得花很多时间，而现在，只要电脑一开，输入学生成绩，你要的这些东西马上就会出现。现在，人们想获取某条信息，第一个动作就是去开电脑。互联网已渗透到了人们工作、生活的各个领域，成为人们获取信息、享受网络服务的重要来源。作为一种通用技术，计算机技术深刻改变了社会生产和服务的模式与方法、改变了产品设计方法、改进了制造装备、改善了制作工艺，也改变了企业的管理和物流模式。同时，也深刻改变了人们的工作方式和生活方式。并且，它正以强大的生命力继续飞速发展，应用领域从最初的军事科研应用扩展到目前社会的各个领域、生活的各个区域，已形成规模巨大的计算机产业，带动了全球范围的技术进步。

计算机和互联网的出现完全改变了我们原本的生活模样。即使你身在国外，与国内亲人也只是隔了一个显示器的距离。互联网已渗透到了人们工作、生活的各个领域，成为人们获取信息、享受网络服务的重要来源。

一、自动化生产

生产自动化是指机器设备、系统或过程（生产、管理过程）在没有人或较少人的直接参与下，按照人的规定要求，经过自动检测、信息处理、分析判断、操纵控制，实现预期目标的过程。目前自动化技术广泛用于工业、农业、军事、科学研究、交通运输、商业、医疗、服务和家庭等方面。随着社会的不断发展，采用自动化技术不仅可以把人从繁重的体力劳动、部分脑力劳动以及恶劣、危险的工作环境中解放出来，而且能扩展、放大人的功能以及创造新的功能，极大地提高劳动生产率，增强人类认识世界和改造世界的能力。因此，自动化是工业、农业、国防和科学技术现代化的重要条件和显著标志。计算机网络技术的发展促进了劳动者与劳动工具、劳动对象在空间上的更灵活组合，优化了人类的生产方式。一大批智能设备进入生产流程，使传统的机械化、自动化生产水平得到极大的提高，进一步把人类从繁重的体力劳动中解放出来，转而从事更复杂的脑力劳动。专业化的说法是：刚性生产方式正在转为柔性生产方式，单一集中的大规模生产方式正在转变为规模适度的模块组合型生产方式。以制造业为例，从早期的计算机辅助设计（CAD），到后来的计算机辅助制造（CAM）和管理整个生产过程的ERP 系统，计算机技术带来了制造业巨大革命。从设计到加工的的整个过程，均应用计算机进行信息处理，使以往彼此分离的设计与制造实现了高度的一体化，效率与精准度提高几十倍到上百倍。目前，我国正在积极推进“两化（信息化和工业化）融合”，在机车车辆、船舶、航天航空、采矿、工程机械和大型车床等一些重要的大型设备生产企业实施先进的计算机集成制造系统（CIMS），并已取得了重大成就。同样，计算机信息技术在轻工业领域也得到了广泛应用，缩短了产品开发周期，降低了制造成本，满足了消费者多样化需求。高职教育培养的是企业所需的高素质技能型人才，为不断提升办学质量，构建校内生产性实训基地，引进可生产的自动化生产线，实现环境的企业化，使学生步入生产车间实习仿佛置身于企业中，提前感受企业生产自动化的先进技术，以达到环境培育职业人。如图 5-1 所示是职业院校的物料转移统计数控机床生产车间。同样，在人们的生活中，自动化技术无处不在。如图 5-2 所示，集成乘坐、操控、娱乐、照明、卫星通讯于一体的多功能汽车内饰系统的应用给人们的生活带来了极大的便利，推动了社会生产力的发展。

图 5-1 职业院校的物料转移统计数控机床生产车间

图 5-2　集成乘坐、操控、娱乐、照明、卫星通讯于一体的多功能汽车内饰系统

二、信息化管理

信息化管理是以信息化带动工业化，实现企业管理现代化的过程。它将现代信息技术与先进的管理理念相融合，改变企业生产方式、经营方式、业务流程、管理方式，重新整合企业内外部资源，提高企业效率和效益。推进信息化与工业化融合，对于我国加快转变经济发展方式，促进产业结构优化升级，走新型工业化道路具有重要的意义。

目前，我国的信息化进程突飞猛进。国家大力推行电子政务工程，通过运用计算机、网络和通信等现代信息技术手段，优化和重组政府组织结构和工作流程，超越时间、空间和部门分隔的限制，建成了一个个快捷、高效、廉洁、公平的政府运作模式，全方位地向社会提供优质、规范、透明、符合国际水准的管理与服务，推动了政府之间、政府与社会、政府与社区以及政府与公民之间建立良好的关系，赢得了广泛的社会参与度。同时，地方政府也积极推动城市信息化过程，在经济管理、市场监督、社会管理和公共服务方面实施了信息化管理和服务。

在社会信息化大潮下，企业信息化管理也得到深入发展和推进。企业信息化管理主要包含信息技术支持下的企业变革过程管理、企业运作管理以及对信息技术、信息资源、信息设备等信息化实施过程的管理。这三方面的实现是不可分割的，它们彼此补充、彼此融合又相互制约。企业信息化管理的精髓是信息集成和决策支持，包括战略管理、实施管理、运行和维护管理三个层面。办公自动化（OA）、管理信息系统（MIS）、进销存管理（PSI）、项目管理（PM）、供应链管理（SCM）、客户关系管理（CRM）、制造资源计划（MRPII）、企业资源计划（ERP）等都是用来辅助管理、辅助决策的软件系统，支持企业实现阶段性信息化管理的目标。同样，面对日益严重的城市道路交通问题，先进的城市网络智能交通管理系统能够直观地表达交通状况，对城市发展起着重要的作用。智能交通网络管理示意图如图 5-3 所示。

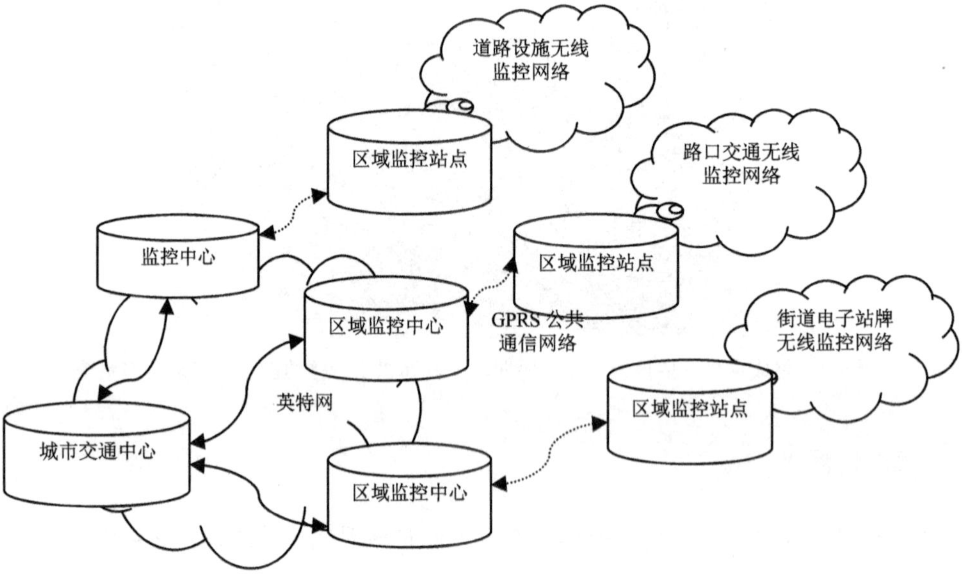

图 5-3 智能交通网络管理示意图

三、互联网应用和服务

目前，互联网已经成为人们工作和生活不可缺少的一部分。互联网技术的运用和发展，使软件技术、网络技术、通信技术融为一体，所有软件系统的实际使用都离不开网络系统的支持，互联网正在对社会、经济、文化等各个领域产生巨大影响。

中国互联网络信息中心（CNNIC）《第 37 次中国互联网络发展状况统计报告》显示，我国互联网站数量和网民总数持续攀升。“截止 2015 年 12 月，我国网民数量达到 6.88 亿，互联网普及率为 50.3%。其中最引人注目的是，手机网民规模达到 6.20 亿，有 90.1%的网民通过手机上网。如图 5-4 所示，网络游戏用户的数量呈递级增长。图 5-5 所示，网络微博进入了全民互动时代。手机超越台式电脑成为第一大上网终端。”

互联网发展中的几大新趋势：

（1）手机网民数量的攀升，带动了相关应用用户的增长。报告显示，与整体网络视频用户规模的稳步增长相比，手机端视频用户的增长更为强劲，使用手机收看视频的用户已经超过 1 亿人，有 90.1%的网民通过手机上网。只使用手机上网的网民达到 1.27 亿人，占整体网民规模的 18.5%。用户使用手机终端在线看视频的习惯正在逐步养成。截止 2015 年 9 月，微博月活跃人数已达到 2.22 亿，较 2014 年同期相比增长 33%。

（2）移动支付发展迅速。2015 年底，即时通信在中国网民的使用率超过九成，较 2014

年底增长了 3632 万。手机上网的进一步普及，尤其是智能终端的推广，以及手机聊天工具的创新，使得即时通信作为中国网民第一应用的地位更加稳固。搜索引擎依旧是仅次于即时通信的第二大网络应用。

（3）网上银行和网上支付应用增速加快。根据易观智库产业数据库发布《中国网上银行市场季度监测报告 2015 年第 3 季度》数据显示，中国网上银行客户交易规模达到 433.6 万亿元人民币，环比增长率为 15.3%。

（4）IPv6 地址数大幅增长，进入全球排名三甲。由于全球 IPv4 地址已分配完毕，因而自 2011 年开始我国 IPv4 地址数量基本没有变化，当前 IP 地址的增长已转向 IPv6，加快 IPv6 的应用和部署已经成为共识。中国 IPv6 地址数量在近几年内飞速增长，截至 2015 年 6 月，我国 IPv6 地址数量为 19338 块/32，半年增长 2.9%。截至 2015 年 7 月 31 日，国内 IPv4 地址总数为 3.3 亿个，IPv6 地址总数达到了 19349 块/32，两类地址总数排名均为全球第二。IPv6 地址数的不断发展将进一步推进我国信息化建设进程，为我国新一代互联网发展奠定基础。

图 5-4 网络游戏用户的数量呈递级增长

图 5-5 网络微博进入了全民互动时代

四、媒体数字化

数字媒体产品是利用数字媒体形式制作出来的内容载体，如数字音视频、数字电视电影、3D 动画电影等，如图 5-6 所示。目前，各种数字媒体形态正在迅速发展，并通过影响消费者行为深刻地影响着各个领域的发展，带动了相关多媒体产品的制造、销售、出版。

数字媒体的发展不再是互联网和 IT 行业的事情，已经成为出版业新的发展方向。安徽教育网络有限公司推出全新的出版发行方式——“时代 E 博”，这个全媒体数字出版运营平台可以把图书、期刊、报纸等传统出版物在第一时间传送给读者，读者通过智能手机和平板电脑等阅读工具，实现与书籍的交流互动。数字化教学产品也开始走进教材和课堂。以地理课本为例，点击页面上的“地球”二字，就会出现立体地球，并展现其内部构造。学生学到每首唐诗宋词时，不仅可以欣赏诗词的内容，也可以了解作者的概况以及所涉及地方的人文、历史背景。与传统教材相比，立体化的教学效果不可同日而语。

图 5-6　3D 电影

五、电子商务

电子商务在中国发展迅猛，已经成为我国重要的经济形式和流通方式。近年来，中国电子商务正逐步与实体经济融合，不仅在商品零售业的占有比例逐步扩大，在生产和服务等领域中的应用也在不断拓展，成为我国转变发展方式、优化产业结构的重要动力。电子商务作为信息流、物流、资金流的实现手段，可应用于小到家庭理财、个人购物，大至企业经营、国际贸易等诸多方面。具体来讲，其内容大致可以分为三个方面：企业间的商务活动、企业内的业务运作以及个人网上服务。网购也日益成为网民的重要消费方式。

自 1997 年底我国第一家专业电子商务网站——中国化工网诞生以来，截至目前，我国已有包括百万网、阿里巴巴、网盛生意宝、焦点科技等在内的多家 B2B 电子商务上市公司；Ebay 易趣、亚马逊、当当网、京东商城等 B2C 服务公司，支付宝、财付通、百付宝等第三方支付平台。中国电子商务营销网数据显示，过去 5 年，随着我国互联网普及率的提高，电子商务发展迅速，交易额年均增长 28%。2015 年中国电子商务交易总额达 20.8 万亿人民币，电子商务引领大众创业、万众创新。截至 2015 年底，全国超过 1100 万人开设网店进行创业就业。2016 年网购用户超四亿人。

随着电子商务生命周期的演进，电子商务服务将向更加专业化、精细化、个性化和促进产业链整合的方向发展。如图 5-7 电子商务流程图所示，目前基于互联网的 B2B 的发展速度十分迅猛，继工具类应用和社交游戏之后，移动电子商务已经开始成为越来越多人心目中的下一块“大蛋糕”。

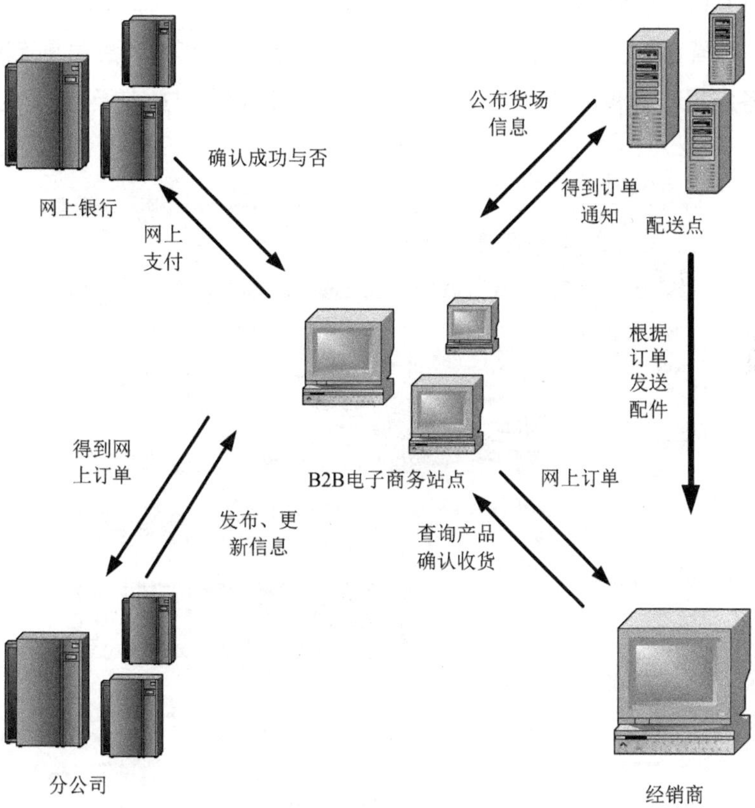

图 5-7　电子商务流程图

六、教育信息化

教育信息化是是教育现代化的重要标志，正推动着教育理念和教学模式的深刻变革，为教与学都带来了“学习的革命”。多年来，我国教育信息化工作取得积极进展，信息化在教育改革发展中发挥了重要作用。第一，在基础设施建设方面，中国教育和科研计算机网（CERNET）与中国教育卫星宽带传输网（CEBSat）覆盖全国、互联互通，初步形成了“天地合一”的现代远程教育传输网络；第二，数字资源体系雏形基本形成，开发了各级各类教育教学资源库，初步建成了满足农村中小学教育教学需要的资源体系、中国高等教育文献保障体系、中国高校人文社科文献中心、中国大学数字博物馆等资源共享服务体系，并逐步形成了可持续发展的资源共建共享的有效机制；第三，信息化教学应用程度和水平逐步提高，多数教师具备利用信息技术辅助教学的能力，许多学校建立了网络教学平台、学科资源库等教学辅助平台；第四，网络教育稳步发展，已成为职业教育、高等教育和终身学习体系的重要组成部分；第五，教育政务信息化得到初步发展，教育部机构办公信息网基本建成，各级教育行政部门建立了门户网站和政务信息服务平台，一批应用系统和专业信息服务系统投入使用；开展了网络视频会议，网上合作研究、网上招生录取、网上就业服务、网上学历认证服务等重大应用；以部办公厅为枢纽，初步实现了与省、市、自治区教育行政部门和部属高等学校的政务信息连网交换。各级各类学校电子校务应用程度和水平也在逐步提升，现代远程教育日益普及，某种远程教育界面如图 5-8 所示。

图 5-8 现代远程教育

计算机在各行各业中的广泛应用，常常产生显著的经济效益和社会效益，从而引起产业结构、产品结构、经营管理和服务方式等方面的重大变革。

第六章　计算机产业的运转与流通

一、计算机行业产业链和企业类型

计算机行业的产业链包括硬件、软件和服务三部分。硬件制造业和数据通信业是“上游”，软件业则是“下游”。硬件制造业和数据通信业往往直接应用并依赖于物理学的科研成果。从历史上看，物理学的突破是我们能够制造出更为强大的计算机硬件，进而为软件技术的发展提供了更大的可能性。“上游”的技术进步与突破将在“下游”引发一连串的“连锁反应”，其成果会得到强有力的应用“放大”。目前，计算机技术在已具备计算、记忆、通信等功能的基础上，正朝着具有识别能力和逻辑判断能力的智能化计算机方向发展。在微型计算机方面，台式微型机比重开始下降，而便携式、笔记本式和袖珍式等轻巧品种的销售量在迅速增加，有可能会取代小型机和微型机。计算机硬件发展的另一趋势是由于微电子技术和电子计算机技术的迅速发展，使得计算机成本急剧下降，这是计算机市场上的竞争日趋激烈，企业兼并加快。在这种情况下，人们将把更多的注意力转向“下游”计算机系统软件和计算机服务业。

早期的程序大都用于科学计算，PC 的出现和计算机网络改变了一切，软件开始尝试解决科学计算领域之外的问题，很快以 CRUD（计算处理时的增加、查询、更新、删除）为核心的信息系统成为软件开发主战场。随着移动互联网和智能手机的发展，智能手机（或平板电脑）成了个人的信息处理终端，而数据处理与存储则上移到了网络，出现了“云计算”平台及“大数据”技术。现阶段广为接受的是美国国家标准与技术研究院（NIST）定义：云计算是一种按使用量付费的模式，这种模式提供可用的、便捷的、按需的网络访问，进入可配置的计算资源共享池（资源包括网络、服务器、存储、应用软件、服务），这些资源能够被快速提供，只需投入很少的管理工作，或与服务供应商进行很少的交互。大数据（big data，mega data），或称巨量资料，指的是需要新处理模式才能具有更强的决策力、洞察力和流程优化能力的海量、高增长率和多样化的信息资产。利用“云计算”中心提供的强大信息存储与处理能力，结合手机等智能设备的高便携性，人们可以随时随地的获取和处理信息，相关的软件技术将有广泛的发展前景，这也是当前软件行业发展的新趋势。

大数据、云计算、物联网、电子商务、互联网金融等产业，正是近几年发展最迅猛、前景广阔的新兴产业。而且现在这些高大上的科技词汇已经不再是概念，而是已经深入到了百姓生活中的方方面面。

根据企业提供的有关计算机产品和服务类型不同，计算机行业企业类型有：

制造类企业；如计算机及网络硬件产品制造类企业。

研发类企业：计算机及网络软件开发企业。

服务性企业：如互联网服务企业、计算机系统集成企业、计算机媒体制作企业、计算机硬件和软件系统维护服务企业、计算机培训类企业。

二、计算机产业的发展历程及发展态势

1. 计算机产业的发展历程

计算工具的演化经历了由简单到复杂、从低级到高级的不同阶段，例如从“结绳记事”中的绳结到算筹、算盘计算尺、机械计算机等。它们在不同的历史时期发挥了各自的历史作用，同时也孕育了电子计算机的雏形和设计思路。1946 年 2 月 14 日，由美国军方定制的世界上第一台电子计算机“电子数字积分计算机”（ENIAC：Electronic Numerical Integrator And Calculator）在美国宾夕法尼亚大学问世。

ENIAC 是美国奥伯丁武器试验场为了满足计算弹道需要而研制成的。其主要发明人是电气工程师普雷斯波・埃克特（J.Prespen Eckert）和物理学家约翰・莫奇利（John W.Mauchly）博士。这台计算器使用了 17840 支电子管，大小为 80 英尺×8 英尺，重达 28t（吨），功耗为 170kW，其运算速度为每秒 5000 次的加法运算，造价为 487000 美元。

ENIAC 的问世具有划时代的意义，表明电子计算机时代的到来。在以后 60 多年里，计算机技术以惊人的速度发展，在人类科技史上还没有哪一个学科可以与电子计算机技术的发展速度相提并论。如 2006 年上市的 Intel 双核心移动处理器 Core 2 Duo，原件密度为 150 万支晶体管，大小为 $90.3mm^2$，重量几乎可以忽略，功耗最多为 31W，其运算速度为每秒 216 亿次，造价仅为 637 美元。单从性能一项看就比 ENIAC 提高了约 4000 万倍。难怪著名计算机科学家费里德里克・布鲁克说：“人类文明迄今，除计算机技术外，没有任何一门技术的性能价格比能在 30 年内增长 6 个数量级。”

从诞生到现在，计算机发展经历了五个阶段。

第 1 代计算机：电子管数字计算机（1946—1958 年）。硬件方面，逻辑元件采用真空电子管，主存储器采用汞延迟线、阴极射线示波管静电存储器、磁鼓、磁芯；外存储器采用磁带。软件方面采用机器语言、汇编语言。应用领域以军事和科学计算为主。特点是体积大、功耗高、可靠性差。速度慢（一般为每秒数千次至数万次）、价格昂贵，但为以后的计算机发展奠定了基础。

第 2 代计算机：晶体管数字计算机（1958—1964 年）。硬件方面，逻辑元件采用晶体管，主存储器采用磁芯，外存储器采用磁盘。软件方面出现了以批处理为主的操作系统、高级语言

及其编译程序。应用领域以科学计算和事务处理为主，并开始进入工业控制领域。特点是体积缩小、能耗降低、可靠性提高、运算速度提高（一般为每秒数十万次，可高达 300 万次）、性能比第 1 代计算机有很大的提高。

第 3 代计算机：集成电路数字计算机（1964—1970 年）。硬件方面，逻辑元件采用中、小规模集成电路（MSI、SSI），主存储器仍采用磁芯。软件方面出现了分时操作系统以及结构化、规模化程序设计方法。特点是速度更快（一般为每秒数百万次至数千万次），而且可靠性有了显著提高，价格进一步下降，产品走向了通用化、系列化和标准化。应用领域开始进入文字处理和图形图像处理领域。

第 4 代计算机：大规模集成电路计算机（1970 年至今）。硬件方面，逻辑元件采用大规模和超大规模集成电路（LSI 和 VLSI）。软件方面出现了数据库管理系统、网络管理系统和面向对象语言等。特点是 1971 年世界上第一台微处理器在美国硅谷诞生，开创了微型计算机的新时代。应用领域从科学计算、事务管理、过程控制逐步走向家庭。

第 5 代计算机：人工智能计算机。第五代计算机是人类追求的一种更接近人的人工智能计算机。它能理解人的语言，以及文字和图形。人无需编写程序，靠讲话就能对计算机下达命令，驱使它工作。新一代计算机是把信息采集存储处理、通信和人工智能结合在一起的智能计算机系统。它不仅能进行一般信息处理，而且能面向知识处理，具有形式化推理、联想、学习和解释的能力，将能帮助人类开拓未知的领域和获得新的知识。

人工智能是计算机科学的一个分支，它企图了解智能的实质，并生产出一种新的能以人类智能相似的方式做出反应的智能机器，该领域的研究包括机器人、语言识别、图像识别、自然语言处理和专家系统等。人工智能从诞生以来，理论和技术日益成熟，应用领域也不断扩大，可以设想，未来人工智能带来的科技产品，将会是人类智慧的“容器”。

2. 计算机产业发展态势

计算机产业发展早期，主要由美国、日本、英国等发达国家占主导地位。第二次世界大战结束之后，美国为维持其在军事技术领域的领先优势，在军事科技发展中大量使用计算机技术，促进了计算机技术的迅速发展，也随之确立了其在世界信息技术发展领域的领先地位。由美国商业软件联盟（BSA）资助的英国经济学人智库（EIU）发布的 2011 年版 IT 行业竞争力指数报告显示，美国在 2011 年 IT 行业排名第一，是最具创新的国家。其次是芬兰、新加坡、瑞典和英国。中国台湾地区排名第 13 位，日本排名第 16 位，中国大陆排名较 2010 年上升 1 位，为第 38 位。

20 世纪后半叶以来，世界信息产业发展明显加快，规模不断扩大，在世界经济发展中的地位日益重要。1978 年，以计算机和网络技术为主的全球信息技术产业增值占 GDP 的比重为

1.5%，2000 年上升为 3.4%。从 20 世纪 70 年代到 21 世纪初，美国信息技术产业增加值占 GDP 的比重提高了近 1 倍。20 世纪初到 90 年代以来，欧盟、日本、韩国的这一比重也明显上升。

世界微电子之乡——美国硅谷成为美国信息社会“最完美的范例”，是美国最成功的高技术开发区之一，其特点是以附近一些具有雄厚科研力量的美国一流大学、世界知名大学为依托，以高技术的中小企业群为基础，拥有思科、英特尔、惠普、苹果等大公司，融科学、技术、生产为一体。在过去 50 年中，美国硅谷毫无疑问一次又一次地领导了世界高科技的发展潮流。硅谷的崛起使美国社会从工业时代过渡到信息时代，开创了人类社会进入知识经济时代的先河。硅谷不但开拓了新的产业，更重要的是开拓了高新技术产业的发展模式：风险投资、孵化器、股份期权、科技园等，形成了一种以高新技术产业和相关服务业为支撑的产业群，是技术多元化的经济。硅谷以研发、设计和高技术服务为主，处于全球产业分工的高端环节。占硅谷软件行业的就业人数的 16%，而该行业是典型的以研发为主的行业。硅谷的半导体设备、计算机通信等主导产业也是以研发为主的行业，很少涉及制造部分。因此，硅谷以研发作为其在产业链中的核心阶段。硅谷高科技的发展也像一块磁铁深深吸引着来自世界各地的高科技人才，构成了一个高度发达的技术社会，形成了多民族、多元文化的聚集群。

全球科技中心美国硅谷

美国硅谷信息产业的典型发展模式成为世界其他国家和地区进行高技术开发所效仿的对象。自 20 世纪 80 年代后，世界各国和地区为促进高科技发展，都试图建立起自己的硅谷，如“日本硅谷”“韩国硅谷”“印度硅谷”等。中国也不例外，有北京中关村硅谷、上海浦东硅谷和广东深圳硅谷，浙江杭州也有一个“天堂硅谷”。

硅谷（泛指高技术产业）以研发、设计和高技术服务为主，处于全球产业分工的高端环节。

在计算机发展的初期，中国是有自主研发计算机能力的少数国家之一。20 世纪 60 年代初，我国自行设计了电子管计算机 119 机和晶体管计算机 109 机等，当时只有美国、苏联、英国、法国和中国拥有计算机设计和制造能力，那时，中国的计算机水平与国际先进水平差距不太大。

改革开放以后，我国实施信息化发展战略，政府出台各种政策，提供资金支持新兴企业和孵化器企业自主研发和科技创新，同时，政府还出台多项激励政策吸引外资，使信息产业得以快速发展。如果从 1980 年中关村电子一条街算起，我国高新区建设已经走过了 30 多年，目前拥有 83 个国家级高新区和数十家大学科技园区。其中，北京中关村地区成为中国信息产业发展的"硅谷"。

我国在实施信息化战略以来，信息产业发展规模和效益也呈高速发展态势。2005 年我国信息产业实现销售收入 3.8411 亿元，信息技术市场规模已达到 2.865 亿元，信息产业已经成为国民经济第一大产业。2011 年至 2012 年，我国信息产业在恢复性增长的基础上保持平衡增长，其中，软件业继续保持快速增长势头，并呈加速上涨态势，以云计算、物联网、移动互联网为代表的新应用、新模式不断催生新市场，成为推动信息产业发展的根本动力。据工信部网站消息，工信部公布，《2012 年电子信息产业统计公报》，公报显示，2012 年，我国电子信息产业销售收入突破十万亿元大关，达到 11.0 万亿元，增幅超过 15%。

[拓展阅读]

第一枚中国芯的诞生地——中关村

中关村地处中国科学院、北京大学、清华大学、北京航空航天大学、中国人民大学、北京科技大学等高校聚集区，在这个地区，科技、教育、文化与高新技术产业相连相互渗透，基础研究、应用研究、高新技术研究相互衔接，国际学术交流、商务往来以及经济合作日趋频繁，蕴藏了发展知识经济的明显优势和巨大潜力，成为推动中国信息产业发展的技术园区。

北京大学王选教授就是在这里发明了高分辨率字形的信息压缩、高速还原和输出方法等世界领先技术，成为汉字激光照排系统的核心技术，并最终研发出了国产激光照排系统，使延续上百年的中国传统出版印刷行业得到彻底改造。

中关村也是诞生第一枚中国"芯"的地方。中国集成电路产业的起步并不晚，1965 年我国已成功鉴定了第一块集成电路，但之后 30 年一直发展缓慢。从 20 世纪 90 年代后期开始，我国每年芯片使用量超过 100 亿块，但其中有 80%依靠进口，高端芯片几乎 100%进口。1999 年我国国产芯片产量仅占世界总产量的 0.6%，尤其在极其重要的中央处理器（CPU）方面几乎一片空白。这意味着我国电子产品（包括计算机、家电、手机等在内）的制造从根本上还处于国外的控制之下，而我们仅仅从事着整机装配的工作。2001 年 7 月，由归国留学生李德磊博士率领的方舟科技发布了公司成立以来的第一款 CPU 产品"方舟 1 号"，成为我国历史上第一个商品化的 CPU 产品，在我国信息产业发展史上有着里程碑的意义。2002 年 9 月 28 日，中科院计算机所研制的国内第一枚高性能通用 CPU 芯片——“龙芯”面世。2003 年 10 月 17 日，在主设计师胡伟武博士带领下，性能更高级的第二代产品“龙芯 2 号”研发成功，当年适逢毛主席诞辰 110 周年，芯片命名为 MZDl10。2001 年 3 月，以邓中翰博士为首的团队承担的“星光中国芯工程”，推出了第一块具有中国自主知识产权的百万门级超大规模 CMOS 数码图像处理芯片“星光一号”，应用于 PC 摄像，成功实现核心技术成果产业化。2003 年 12 月 28 日，中关村留学生企业中星微电子公司生产的“星必冲国芯”销量突破 1 000 万枚，并成功占领了高达 40%的世界第一的市场份额，这标志着我国集成电路产业正在由“中国制造”向“中国创造”迈进。2003 年 4 月成立的中关村网络终端机产业联盟和 2003 年 7 月成立的手机产业联盟，为中国芯的产业化推波助澜。

如今，当您打开联想电脑，运行 360 安全卫士，登录新浪微博，尽情徜徉于信息的海洋；当您登录当当、京东商城，轻移鼠标痛快酣畅地购物；当您手持小米手机，点开 UC 上网软件，启动高速的 4G 网络，翻阅几千册电子书……您是否意识到，这些改变生活的新技术、新服务，都来自北京中关村？

不止于此，从航天技术到生物医药，从新材料到新能源，中关村以平均每天诞生 15 件发明专利的速度，改变生活，影响世界！这里是创新人才的磁力场，中国企业成长的梦工厂，中国战略性新兴产业的策源地，它吸引全球创业创新人才聚集于此。

上世纪 90 年代的出国潮，让人记忆犹新。进入新世纪，归国潮涌。在中关村，平均每个工作日就有两家海归人才企业注册成立。

今天，百度已四海皆知。1999 年底，李彦宏从美国回国，2000 年 1 月在中关村创业。2001 年，互联网泡沫破灭，李彦宏和百度说服了投资人，实施直接面对终端用户的战略转型。百度独辟蹊径，化险为夷。

关注第三代杂交水稻的人，都知道邓兴旺。2010 年，作为中央“千人计划”从海外引进的高层次人才，邓兴旺回国创业。为突破第三代杂交水稻的技术难关，在中关村的实验室里，他的科研小组夜以继日，目前已攻克了水稻智能不育分子设计技术研究及新型不育系创制的技术难题。未来，我们人人都可能吃到“邓氏”稻米。

快速发展的中国，对海外人才的吸引力凝聚力，集中体现在中关村。统计显示，2011 年中关村人才特区引进海内外人才近 5000 人，其中海外高层次人才 436 人，现有留学归国人员数量占全国 1/4……目前在中关村由海归人才创办的企业达到 3000 多家。

作为中国移动互联网产业中心，中关村已形成了一个颇为完整的生态系统，“内容+终端+平台+服务”的闭环产业链已经形成，一台手机从传统的业态产品生产，演化出数字内容、终端设备、信息传媒、应用服务四个新兴文化产业群。数据显示，在移动互联网领域，中关村聚集了产业链相关企业6000余家，从业人员约40万。

在一波又一波的科技浪潮中，中关村人敏锐地觉察到移动互联网已成为新一轮大潮：它的影响，不止于IT和通信行业，还将有一系列行业的生产形态和规则随之发生改变！而正是在这个领域，以往技术、芯片、操作系统被国外厂商垄断的格局已被打破，中关村必将诞生一批领先的技术，向世界奉献更多的“中国标准”，展示更强大的“中国力量”。

中关村（高科技产业中心）。中关村是国家自主创新示范区，高科技产业中心，起源于20世纪80年代初的“中关村电子一条街”。1988年5月，国务院批准成立北京市高新技术产业开发试验区，它就是中关村科技园区的前身。中关村科技园区管理委员会作为北京市政府派出机构对园区实行统一领导和管理。中关村是中国第一个国家级高新技术产业开发区，第一个国家自主创新示范区，第一个“国家级”人才特区，是我国体制机制创新的试验田，也被誉为“中国的硅谷”。

三、信息行业组织与标准规范

鉴于计算机产业、通信产业、电子产业在技术应用、行业划分等方面有诸多交叉，在此将三者合称为“信息产业”，对其行业组织与标准规范作一简单介绍。

美国许多计算机行业优秀企业成了世界信息行业的先导者，并且逐渐形成了由主流企业认可的行业标准，最后演变为国际标准。我国信息行业的标准化工作是在借鉴、学习国外标准的基础上不断改进和完善的，已经形成了比较成熟的体系。

1. 行业组织

行业组织是按照市场化原则规范和发展的行业自律性社会组织，是政府加强和改善行业管理方面的重要支撑，是建立和完善行业管理体制的重要组成部分。其主要功能是联系政府、服务企业和促进行业自律。它是行业成员利益的代言人和维护者，亦是行业成员与政府之间的沟通者和协调者。

国际上与信息产业有关的行业组织主要有：国际电工委员会（IEC）、国际标准化组织（ISO）、国际计算机协会（ACM）、国际电信联盟美国电子工业联接协会（IPC）、美国电气和电子工程师协会（IEEE）、欧洲电信标准化协会。

国内与信息产业有关的行业组织有：中国电子学会（CIE）、中国电子元件行业协会（CE—CA）、中国电子音响工业协会（CAIA）、中国电子视像行业协会（CVIA）、中国电子仪器行业协会（CEIA）、中国计算机行业协会（CCIA）、中国计算机学会（CCF）、中国软件行业协会 （CSIA）、全国信息技术标准化技术委员会（CITS）。

2. 标准规范

标准是为了在一定的范围内获得最佳秩序和社会效益，对企业活动或其结果规定共同的和反复使用的规则、导则和特性文件。根据《中华人民共和国标准法》规定，我国标准分为四级：国家标准、行业标准、地方标准、企业标准。

我国计算机行业主要技术标准是由全国信息技术标准化技术委员会负责制定，在国家标准化管理委员会国家标准制定工作的管理框架内实施工作。我国现有 486 个专业委员会负责制定各类技术标准，全国信息技术标准化技术委员会（CITS）是其中之一。CITS 成立于 1983 年，是在国家标准化管理委员会和工业信息化部的共同领导下，从事全国信息技术领域标准化工作的技术组织，负责对 ISO / IECJTCl（信息技术第一联合技术委员会）的国际归口工作。其工作范围是信息技术领域的标准化，涉及信息采集、表示、处理、传输、交换、表述、管理、组织、存储和检索的技术、系统和工具的设计、研制和管理的规定。截至 2011 年 4 月，信标委共归口的国家标准 655 项，国家标准制、修订项目计划 375 项，覆盖了软件、硬件等各个方面。

中国通信标准化协会（China Communications Standards Association，缩写为 CCSA）是我国研发通信行业标准的一个重要民间组织。协会遵循公开、公平、公正和协商一致原则组织开展通信标准化研究活动，把高技术、高水平、高质量的标准推荐给政府，把具有我国自主知识产权的标准推向世界，支撑我国的通信产业发展，为世界通信作贡献。协会目前已组织制定了近 2000 项通信技术标准，每年还在不断地递增。

遵守信息行业标准规范是从事信息行业相关工作必须恪守的基本准则。在信息行业标准中，无论是软件技术还是硬件技术，国家标准都给出了明确的要求。企业和相关部门一般是将国家标准体现在自身的规章制度中，在其生产、运行、销售、服务等过程中，都必须遵守相应的标准和规范。

企业和相关部门一般是将国家标准体现在自身的规章制度中，在其生产、运行、销售、服务等过程中，都必须遵守相应的标准和规范，标准和规范也应在高职教育中有所体现。

第七章 计算机产业文化特色

一、计算机企业特色文化

1. 计算机企业的特征

（1）计算机企业作为高新技术企业的普遍特征。

计算机企业作为一种高新技术企业，具有高新技术企业的普遍特征。

第一，高智力。高新技术企业是知识密集型企业，以脑力工作为主，其产品价值主要取决于知识资本价值的转移量。

第二，高投入。因为高新技术企业的产品开发和技术创新都是基于先进的前沿技术和复杂的科学理论甚至是跨科学的理论，这使高新技术企业无论在资金还是人力上都投入较大。

第三，高风险。由于面临“新市场”，采用“新技术”，因为“创新”而导致的不确定性使企业整体运营风险高于传统行业。对高新技术企业来说，高额研发投入不一定能成功地开发出产品，即使开发出产品也还要受到市场许多不确定因素的制约。另外还有知识产权被侵犯的风险等。

第四，高收益。因为技术创新带来的竞争优势，可以为企业赢得丰厚的利润。新产品一旦具有市场规模，企业就能在短期内迅速获取巨大的回报。

第五，高成长。传统企业一般需要长期积累，才可以获得局部的竞争优势；而高新技术企业往往凭某项技术、某个产品、某项创新的竞争优势就能迅速占领市场，促进企业的迅速成长。

（2）计算机企业不同于其他高新技术企业的特征。

第一，追求全面性和整合性。计算机企业产品的核心要素是信息内容，而信息内容具有很好的分合性和共享性，同时又具有很强的时效性和很高的知识复杂性。因此，在企业内部容易实行灵活的模块化分工，结成高效率的临时任务小组，及时应对市场需求，充分调配企业内部的人力资源，便于为消费者提供不同信息内容需要的产品；同时由于信息内容的复杂性，往往一个企业很难完成所有的程序，需要借助外部资源，本身主要集中于核心业务；此外，由于计算机产品相对其他高新技术产品时效性更强，在兼容性作用下的旧技术产品贬值非常快，因此，需要和对手企业进行交流，通过交流产生的知识溢出能减少因产品的时效性带给企业的成本（有时是巨大的成本）。即使信息技术如此发达的今天，竞争企业的员工之间的交流仍然是最好的知识溢出的形式之一，为企业集群提供了便利。

第二，重视用户安装基础。用户的转移成本很大，在标准化和兼容性作用下，容易对用户进行锁定，强大的用户基础将形成企业强大的网络外部性。一旦建立起强大的用户，不但其他企业很难侵入，自身还能掠夺用户基础弱的其他企业的用户，并保持对用户长期的锁定。因此，计算机企业有时重视用户基础的建立甚于企业技术创新能力的提高。由于信息产品相对其他高新技术产品对传统产业更具有市场融合性，所以市场范围广阔，潜在的用户基础很大，不但能带来规模经济，更能催生成长经济。

第三，具有独特的竞争性垄断市场结构。一方面，由于信息产品的强时效性和高收益性，产品更新快、进入企业多，导致市场竞争异常激烈；另一方面，由于信息产品的用户安装基础的规模性和成长性，导致强者愈强，直至垄断市场。但须注意的是，具有强大用户安装基础的计算机企业的产品生产是建立在竞争性异常强大的分工基础上的，建立的市场垄断不是损害消费者利益，而是增强消费者效用，因为企业不是停留在技术上的不进步，而是技术上的不断出新，企业不是通过限产提价来攫取垄断利润，而是通过创新以减少成本和降低价格来获取规模效应。

2. 计算机行业的企业文化特征

客户至上、给市场提供完整的产品服务、持续创新和改进、解决问题、团队合作、有效沟通和利用现有资源和条件把事情做成，是计算机企业特别强调的文化特征，主要表现为：

（1）更加注重人力资源管理的创新。通过公司治理实现对知识劳动的强激励和多形式激励是计算机企业成长的制度特征，这是知识密集型产业对知识员工的管理所要创造的文化要求。创新的主体是高素质的人。因此在人力资源管理上就表现出更加多变的形式创新。

（2）更加重视建立鼓励学习的文化氛围。技术生命周期短、技术更新快是计算机企业成长的生产特征，所以许多知名的计算机企业鼓励建立一种不断学习、终身学习的文化。“学习得更快的能力”实质上是一种创新能力，这也是许多企业致力于创建学习型企业的原因。作为个人与组织的未来资源，优秀计算机产业中的组织和企业都应该认识到学习对于组织的重要性，系统地从过去和当前的研究项目和产品开发中去学习、总结和提高。

（3）更加注重知识管理。建立知识体系，让企业成员按照企业需要的思维进行工作，这就是知识管理。知识管理包括几个方面工作：建立知识库、促进员工的知识交流、建立尊重知识的内部环境、把知识作为资产来管理。

（4）更加强调以客户为核心。随着信息产业的发展，使用计算机技术的客户，会提出越来越高的要求，他们想把企业存在的问题与 IT 企业商议，并同他们在市场共同运作，从而找出解决总体问题的新方案。针对客户端的变化，要求计算机企业必须提供针对特定问题的综合解决方案。因此，基于重视用户的特点，企业必须建立起“以客户为核心”的企业文化。

基于重视用户的特点，企业必须建立起“以客户为核心”的企业文化。

二、典型计算机产业文化

1. 美国硅谷文化

德国社会学家马克斯·韦伯曾经说过：“任何一项伟大事业的背后，都必须存在着一种无形的巨大的精神力量。更为重要的是，这种精神力量一定与该项事业的社会文化背景有密切渊源。”硅谷几十年来形成的独特文化模式是它成功的最深刻而持久的因素，是美国传统的民族特性如个人主义、自由主义、创新精神等和现代文化在高科技时代的集中体现。《硅谷热》的作者认为，硅谷的“这种高科技文化将变成美国人普遍的生活形态。”

图 7-1　硅谷中的苹果公司标志

西南大学经济管理学院教授王志章对硅谷模式文化进行了分析。他认为，如果说创新是硅谷的生命线，创新文化价值观则是科技迅猛发展的思想火花和基础。这种创新文化以及社会价值体系，为构建硅谷灵活的创新机制，汇聚世界最优秀的人才，拥有创新科技团队，促进科技创新迅速发展，营造出良好的社会生态环境，始终离不开这种以诚信为核心的文化价值观。因此，宏观上讲，硅谷创新文化是建立在以高度发达的技术社会为背景的一种全新的价值体系，是指导创新的一种理念文化，因为“硅谷人”深深懂得，任何一个技术创新活跃、经济繁荣的时代，都需要重大的人文创新来引导，需要文化的繁荣，任何哲学社会科学落后的国家，不可能有先进的自然科学，更不可能有重大的原始创新；微观上，硅谷创新文化则表现出的是一种很具体的文化形态，是一种对创新活动失败和成功的独特价值观。这也就是美国硅谷精神：允许失败的创新，崇尚竞争，平等开放！这种创新文化价值形态的循环过程，具体表现在以下十个方面：

（1）能者在上的公司信仰。

技术社会的创新主体是人。在硅谷，创新的主体从来就不看他是什么背景，来自哪个国家、地区和民族。创新或创业完全取决于科技人才的真实水平和能力。如今在 100 多万人口的硅谷城市群落中，工程技术人员占 2 / 3，尤以中国人和印度人居多，其中华人开办的或由华人担任 CEO 的公司就达 2000 多家。为此，有人戏称，20 世纪 50 年代如果没有 IC（集成电路）就没有硅谷的起步，今天如果没有 IC（Indian&Chinese），也就没有硅谷的繁荣了。

（2）宽容失败的理念。

失败往往对创业者来说不仅是一件很痛苦的事情，而且还会带来不便。但在硅谷，这里却崇尚的是"It is OK to fail"（败又何妨）的一种宽容的创新文化理念，他们视失败为最好的学习机会。硅谷创新文化中另外的至理名言，即“失败后还有明天”；“努力工作，努力享受，不要为工作和享受之间的差异而担心，那实在算不了什么”（Work hard，Play hard，and don't worry about the difference between work and play. There isn't any）。可以说，硅谷不是建立在成功之上，而是建立在失败的基础上。在“硅谷人”看来，拥有一个非常健康心态的创业者，能够轻而易举地承受失败，重新拔锚起航。

（3）容忍“背叛”的态度。

“忠诚”在许多国家的企业中都被视为招聘或考核人的重要标准。可在硅谷，员工的流动和“背叛”不受任何限制和谴责，“跳槽”不仅没有什么关卡，而且还被视为是一种完全正常的职业行为。加州大学 Rebitzer 教授在对硅谷这种现象研究后得出结论，在 1994—2001 年的大学毕业后在硅谷工作的人中，平均每月有 2.41%的人变换雇主，高出美国其他地方 40%。因为对创业者而言，为了不断探索和丰富阅历，他们一般也不会长期忠实于一家企业、一个老板，总是会主动砸掉自己的“饭碗”，去寻找更有发展前途的创业机会，实现“人往高处走”，去圆自己追求成功的梦想。

（4）精诚合作的团队精神。

团队精神是现代企业迅速成长壮大的重要保证。硅谷团队精神主要体现在以诚信为核心，一个高素质和高效运作的团队大多由 3 种不同类型的人组成，即：拥有技术专长的人；具有解决问题和决策能力，能够发现问题、提出解决建议，并权衡这种建议，然后作出有效选择的人；具有善于聆听、反馈、解决冲突及其他人际关系技能的人。有了这 3 种人，这个团队就具有大脑善于思维，有胆识善于决策，有耐心不断听取意见并抓落实的人文特质和高效运作的组织构架。

（5）嗜好冒险的行为。

硅谷创新文化的基础是灵活的机制、甘冒风险的价值观。许多技术人员和企业家认为，只要抓住机遇，勇于冒险，机会将会永存。即使失败了也不必计较，因为失败是成功之母。另外，“硅谷人”的冒险还表现在生活中，他们总是喜欢寻求蹦极、高空跳伞等刺激活动，来激活自己创新的力量和智慧。

（6）全新的投资理念和生产结构的开放性。

硅谷是一个高度发达开放型的技术社会，“硅谷人”对投资创业有很多独特的理念。无论是工程师，还是亿万富翁，赚钱之后，都不愿意作“守财奴”，而是把赚到的钱再投资到创业环境中去，投到新的领域，创造新的财富，以追求更高的起点。而在公司构架方面，也不是搞大而全，而是注重社会化的分工与合作，这种开放性的生产方式为技术的快速革新创造了条件。

图 7-2　硅谷一角

硅谷创新文化还特别强调知识的共享，营造出开放性学习型社会的氛围。在“硅谷人”眼里，当今世界研发技术复杂性增强，知识更新加快，许多学科和领域往往需要跨学科的综合知识等，任何人都无法单独完成复杂的技术创新，而需要别人的帮助。因此，知识交流和知识共享形成了硅谷社会开放性的一大风气。

（7）热衷改变自己的位置。

“位置”常常被用来权衡一个人的地位和身价，有了一个理想的“位置”，谁也不会轻易放弃。可“硅谷人”表现出一种非凡的勇气，敢于和善于自己吃掉自己，通过一次次地吃掉自己，不仅使自己的智慧得到了空前升华，而且还创新了技术、创新了文化、创新了社会财富和人生价值。

（8）对产品而不是金钱的痴迷。

“硅谷人”不愿意当金钱的奴隶，他们总是以虔诚的心态去追求高新技术，希望能够以创新技术成果推动世界进步。

（9）机会的慷慨分布。

硅谷技术社会的特点还体现在社会的扁平化，人与人都是平等的，谁都不用嫉妒谁。“硅谷人”懂得，机会对任何人来说都是均等的，总是与自己同行，关键就看自己如何去把握。因此，平时每个人都十分重视“充电”，提高自己的创新技术水平，锻炼自己的判断和决策能力。

（10）分享财富的强烈倾向。

硅谷的财富观也具有独特之处。如从期权到给员工健康检查，免费午餐晚餐，为科技人才和家属创办幼儿园，提供优厚的退休金等，至少在高科技公司内部，财富大多被群体分享而不是被某些少数人独食。

硅谷已经是创新的代名词，全世界的创业者都有一个“硅谷梦”。

2. 典型企业文化

卓越企业已经进入文化管理阶段。有关研究表明，卓越企业的核心价值观正在趋同，聚焦于客户以人为本、客户至上、创新、团队合作、诚信等元素。而另一方面，不同公司文化差异也很明显。这从各国著名 IT 企业的典型企业文化可窥一斑，如智慧地球的 IBM 文化、追求卓越的微软文化、偏执创新的苹果文化、服务为本的联想文化、正德厚生的中国移动文化等。

（1）智慧地球的 IBM 文化。

IBM 公司拥有 40 多万员工，年营业额超过 500 亿美元，几乎在全球各国都有分公司。IBM 公司的企业文化是在老托马斯·沃森和小托马斯大林·沃森父子两代人共同生产经营中创造的。

图 7-3　IBM 图标

第一、公司价值和公司英雄。IBM 经营宗旨价值观是尊重人、信任人，为用户提供最优服务及追求卓越的工作。这种价值观指导 IBM 公司的经营活动。尊重人是尊重职工和顾客的权力和尊严，并帮助职工自我尊重；信任人是信任职工的自觉性和创造力；追求卓越就是竭尽全力并用最优的方式取得结果，但并不一定要求完美无缺。卓越不仅指突出的工作成就，而是最大限度地培养追求杰出工作的理想和信念，激发出为企业竭尽忠诚的巨大热忱。IBM 公司的价值观曾经具体化为三原则，即“为职工利益、为顾客利益、为股东利益”，后又不断发展成为三信条，即“尊重个人、竭诚服务、一流主义。”

IBM 公司的价值观是公司的核心，它相当集中地体现在公司的英雄身上。公司的创始人老托马期·沃森把创业精神传给追随他的小沃森以及其他人。老沃森虽然至死也没有使公司坚定不移经营电子计算机行业的战略决策，却是公司获得成功的至为重要的基础。老沃森的经营思想非常突出“销售导向”，他认为公司的价值来源于销售。销售代表体现了公司关心用户、关心社会的目标形象。正是老沃森、小沃森和以成功销售者为代表的英雄，使公司价值观得以人格化、具体化，成为职工有形的精神支柱。

第二、领导艺术的权变观和领导体制的改革。IBM 公司能顺应时代的发展，不失时机地改变经营战略和不断地改变组织机构。如：20 世纪 50 年代中期由集权转变为分权，废除蓝领劳动者与白领劳动者的区别，实行有工资制，使 IBM 公司从古老质朴的时代转变为技术专家领导的科学经营时代；随着 80 年代信息革命的不断深入发展，公司于 1982 年实施重大改组，将所有的销售部门归并到信息系统联合部，尽量了解顾客、用户的多种特殊要求，让技术专家直接参与市场营销。正是因为IBM所拥有的一批乐观、正直、开明，具备进取精神、实干能力和必胜信念的管理者，并能跟人交流、沟通，能尊重人、理解人，才使得员工能够发挥想象力与创造力，构建出亲密、友善、互助、信任的IBM组织气氛。

第三、以销售为中心，以用户为动力的工作环境。IBM 公司强调公司经营的各个环节都要直接或间接地参与销售。从总裁到各制造厂的工人，都要接受严格的训练，确保他们与用户保持一种直接或间接的联系，想销售之所想，从而创造一个以销售为中心，以用户为动力的工作环境。IBM 公司倡导“服务至上”的原则，不仅把产品卖出去作为最终目标，而要求全体员工对用户提出的问题必须在24小时内给予落实或答复。

第四、提高绩效与培养人才。IBM 高度重视人力资源，善于运用鼓励手段。公司的薪酬决策有三个要点：1）重视职工安全感和职业保障的心理需求；2）报酬必须有很强的刺激性和鼓励性；3）对有突出贡献的员工给予特别嘉奖。公司建立了一个自下而上了解职工工作情况并结合职工工作性质、职位、工作经验等合理作出正确评价的系统。这个系统用以衡量职工的工作绩效，然后据此给予适当报酬。公司不但注重物质鼓励、还注重精神鼓励手段，如对那些在部门中刷新纪录的市场营销代表给予“鹰奖”“百分之百俱乐部成员”等资格奖励。

IBM 公司注重物质加精神相结合的报酬方式和激励手段，与美国文化中注重物质性、重视人性需要、重视人的价值的特点完全相适应。IBM 从不会因钱而失去一位好职工，每一位付出了劳动的员工都不会因为得不到适当的物质奖赏而感到失望。

与众多美国企业不重视培训人才的做法相反，IBM 建立了完善的教育制度。公司的教育渗透到各个阶层，从经理到职工，每人每年必须接受40小时的正规培训。同时公司还准备了种类繁多的必读刊物、直接送到员工家中以便学习。不仅如此，公司还邀请用户来参加多种多样的讲演和交流活动，不断引导公司走向有益于社会的道路。

（2）追求卓越的微软文化。

1975 年，保罗·艾伦和比尔·盖茨合伙创建微软公司。不久微软就成为全球最成功的公司之一，微软从最早销售程序设计语言，到出售操作系统，再到向零售店出售各种应用软件产品，从美国延伸到国外，不断获得发展，为全世界数以亿计的用户提供了无数优秀的软件产品。微软始终保持着公司早期结构松散、反官僚主义、微型小组文化等特性的基本部分，从而与顾客更接近，更了解市场的需要。微软公司在过去的20多年里不断成功的原因主要有：专注技术、领导艺术、人才管理和公司文化，这几方面决定微软公司在竞争中不断成长壮大，处处体现和渗透着创始人比尔·盖茨的领导艺术。比尔·盖茨独特的个性和高超技能造就了微软公司的文化品位。这位精明、精力充沛且富有幻想的公司创始人，极力寻求并任用与自己类似的、既懂得技术又善于经营的经营人才。他向来强调以产品为中心来组织管理公司，超越经营职能，大胆实行组织创新;极力在公司内部和应聘者中挖掘同自己一样富有创新和合作精神的人才并委以重任。比尔·盖茨被其员工形容为一个幻想家，是一个不断积蓄力量和疯狂追求成功的人。他的这种个人品行，深深地影响着公司。他雄厚的技术知识背景和高度敏锐的战略眼光，以及在他周围汇集的一大批精明的软件开发和经营人才,使自己及其公司始终矗立于这个迅速发展的行业的最前沿。他善于洞察机会，紧紧抓住这些机会，并能使自己个人的意志在公司内贯彻到底，从而使整个公司的经营管理和产品开发等活动都带有盖茨色彩。在他看来，一个成就事业的人,最重要的素质是对工作的激情,而不是能力、责任及其他(虽然它们也不可或缺)。他的这种理念，成为一种微软文化的核心，像基石一样让微软在 IT 世界傲视群雄。

图 7-4　微软图标

随着时代的发展微软公司的经营宗旨也不断变化，同样，企业文化也在不断地完善和发展，这也是公司根据竞争环境的需要不断调整、不断完善的结果。微软公司在日常工作中也时刻注意提醒员工遵守这些基本的工作准则,并要求员工把这些价值观转换成可以付诸实践的具体目标。

微软公司的价值观主要包括：诚实守信；公开交流，尊重他人，与他人共同进步；勇于面对重大挑战；对客户、合作伙伴和技术充满激情；信守对客户、投资人、合作伙伴和雇员的承诺，对结果负责；善于自我批评和自我改进、永不自满等。其中，有五方面是微软成功的根本。

第一、充满激情、迎接挑战。比尔·盖茨的一句话最能体现微软企业文化精髓，“每天清晨当你醒来时，都会为技术进步及其为人类生活带来的发展和改进而激动不已。”

第二、自由平等、以德服人。公司支持人人平等，一个平等的公司可以降低公司内部的信息阻塞，增加所有员工的主人翁精神，还能更早地发现公司在发展中遇到的问题。

第三、自我批评，追求卓越。微软文化的一大特色就是自我批评。在科技呈指数趋势飞跃发展的今天，不愿意批评自己，不承认自己的错误，不追求卓越的公司将面临灭亡。

第四、责任至上、善始善终。公司和领导者有了关注的目标之后，还要有足够的责任心，才能把事情做好。微软公司要求每一个部门、每一个员工都要有自己明确的目标，同时，这些目标必须是“SMART”的，Specific（特定的、范围明确的，而不是宽泛的）、Measurable（可以度量的，不是模糊的）、Attainable（可实现的，不是理想化的）、Result based（基于结果而非行为或过程)、Timebased(有时间限制，而不是遥遥无期的)。微软公司要求部门和员工制定的目标必须是可分享的。

第五、虚怀若谷、服务客户。微软公司对技术相当重视，对合作伙伴和客户也同样重视。作为软件平台公司，合作伙伴和客户都是公司的命脉。微软公司的价值观强调，所有员工都要信守对客户和合作伙伴的承诺，而且在产品研发过程中，不仅要考虑到产品的技术特性，还要关注客户和合作伙伴最需要的功能。在这些价值观引导下，员工进一步增强了对微软企业文化的认同，在工作中发挥了更大的潜力。

在企业价值观引导下，员工进一步增强了对企业文化的认同，在工作中发挥了更大的潜力。

(3)偏执创新的苹果文化。

苹果素以消费市场作为目标，所以乔布斯要使苹果成为电脑界的索尼，将他的旧式战略真正贯彻于新的数字世界之中，采用的是高度聚焦的产品战略、严格的过程控制、突破式的创新和持续的市场营销。1998 年 6 月上市的 iMac 拥有半透明的、果冻般圆润的蓝色机身，迅速成为一种时尚象征。在之后 3 年内，它一共售出了 500 万台。而如果摆脱掉外形设计的魅力，这款利润率达到 23%的产品的所有配置都与此前一代苹果电脑如出一辙。乔布斯在 2000 年苹果的一度停滞期喊出了“Think Different”(另类思考)的广告语，他希望这个斥资上亿美元宣传的广告不仅让消费者重新认识苹果，更重要的是，唤醒公司内员工的工作激情。他将企业的创新精神深刻融入到团队工作、产品设计、市场运作之中。

第一、忘记一切，从头开始。当员工初到苹果时，公司就希望他们立即做一件事：忘掉曾经了解的技术。苹果公司所做的事情与其他公司都不一样。无论是新产品的设计理念，产品的设计方式，还是公司独具的简单运营方式，只要是在苹果，所有事情就会不同。把在其他公司的工作习惯带到苹果来，可能会造成更多的麻烦。因为苹果是不同寻常的。

第二、推崇精英人才文化。与对产品和战略高度聚焦的做法相似，在人才的使用上，乔布斯也极力强调“精”和“简”。乔布斯曾创立并管理的 Pixar 公司倡导的是没有“B 团队”，“质量比数量更加重要。”乔布斯表示，从若干年前看到沃兹尼克为制造第一台苹果机而显示出的超凡工程学技能的那些日子开始，就相信由顶尖人才所组成的一个小团队能够运转巨大的轮盘，仅仅是拥有较少的这样的顶尖团队就够了。为此，他花费大量精力和时间寻找最优秀的人员，以及那些他认为对于苹果各个职位最适合的人选。

第三、专注于设计。每个员工都必须牢记，苹果比其他任何一家公司都更加注重产品的设计。像微软这样的公司向来不善于打造让人赏心悦目的产品，而苹果才是真正地在做设计。了解消费者的需求，懂得如何满足消费者的需求，然后着手实现这些目标。虽然实现起来并不总是很容易，但苹果似乎每次都能恰到好处地完成——员工的努力造就了苹果的成功。如果离开了员工的努力，苹果有可能会很快没落。

图 7-5 计算机上的苹果图标

第四、时刻关注细节。如果说苹果懂得哪一条经营之道，那就是关注细节意味着长远回报。例如，谷歌的 Android 操作系统，现在可能卖得很好，但在使用了一段时间之后，大多数消费者就会发现 Android 与苹果的 iOS 操作系统相比缺乏一些闪光点。这点差距并不会让消费者觉得 Android 操作系统不太好用。事实上，可以说 Android 和 iOS 一样好用，但这点小小的差距确实会让一些消费者禁不住怀疑谷歌为什么就不能再做得更好一点。在大多数情况下，苹果却多努力了一点点。但就是这一点点的努力使得苹果成为了最大的赢家。与此同时，这也是苹果对自己员工的期望。

（4）服务为本的联想文化。

联想的企业文化与管理思想的内涵是非常丰富的，可以归纳为“12345”。

第一、一种文化。任何一个企业只能有一种文化，联想就要建立统一的企业文化——一种以人为本、客户至上的文化。联想对“以人为本”的理解是：通过联想事业目标的实现来达到员工个人理想和高素质生活追求的实现。因而联想文化的核心理念是：“把员工的个人追求融入到企业的长远发展之中。”

图 7-6 联想图标

第二、两种意识。联想倡导两种意识——客户意识、经营意识。凡到过联想集团总部大楼的，也许会知道表述联想精神的4个大字——求实进取。联想人就要具有脚踏实地的求实精神和奋发向上的进取精神。联想倡导的客户意识具体体现在四个方面：一是对待客户方面能否做到及时、有效、耐心服务和利益优化；二是对待合作伙伴方面是否能够公正、讲信誉、及时沟通、互惠互利；三是对待部门间的合作方面是否能够主动、积极、高效；四是上下级的关系方面能否体现一种互为客户的关系。联想是企业，是企业就得讲究效益，要获得最好的效益就必须要有经营意识。这从两方面来要求：一是要"开源"，二是要"节流"。开源就是如何利用资源与优势去拓展业务，节流就是如何节省开支。

第三、3个三。分别是"管理三要素""做事三准则""处理投诉三原则"。管理三要素是"建班子""定战略""带队伍"。在联想电脑公司做任何工作都要遵循三个准则："如果有规定，坚决按规定办"；"如果规定有不合理处，先按规定办并及时提出修改意见"；"如果没有规定，在请示的同时按照联想文化的价值标准制定或建议制定相应的规定"。在IT企业做事情，必须要有法制的观念，不能随心所欲，自以为是。联想在处理客户投诉方面有一套严密的处理规范，即"处理投诉三原则"，一定程度上反映了企业的客户意识。包括"首先处理好与用户的界面，给用户一个满意的处理"；"找到相关的责任人并分析问题的性质，进行批评和处罚"；"触类旁通分析问题的根源，制定改进的措施"。

第四、4个四。第一个四——"联想精神四个字"，即拥有"每一天、每一年我们都在进步"的境界，就必须具有"求实进取"的精神；第二个四——"联想员工四天条"，即"不利用工作之便谋取私利""不收受红包""不从事第二职业""工薪保密"，这是全体联想人必须遵守的制度，这些年来一直在不折不扣地执行着；第三个四——"管理风格四要求"，即"认真""严格""主动""高效"，这既是对全体干部的要求，同时也是对全体员工岗位工作的要求；第四个四——"问题沟通四步骤"，一是"找到责任岗位直接去沟通"，二是"找该岗位的直接上级沟通"，三是"报告自己上级去帮助沟通"，四是"找到双方共同上级去解决"。

第五、5个转变。一是由被动工作向主动工作转变，即由过去按照上级指令被动工作，转变为以目标为导向主动地推进工作；二是由对人负责向对事负责转变，即由过去对上级负责，转变为对岗位职责和工作目标负责；三是由单向负责向多向负责转变，即由过去只对直接上级负责，转变为对广义的"客户"（内、外）负责；四是由封闭管理向开放管理转变，即由过去以部门为界限进行行政管理，转变为以目标为导向进行资源协调管理；五是由定性管理向定量管理转变，即由过去不规范的随机管理转变为进行目标、考核、流程的精细化定量管理。

企业文化可作为企业硬性制度管理之下的一个重要补充，它可以形成凝聚力、共同的价值观，甚至生成共同的心智模式，所以企业要发展企业文化是必须形成的重要条件，职业教育必须融入企业文化。

第三部分 电子产业文化

中国的电子产业与全球经济紧密联系在一起。从“中国制造”向“中国设计”转变的进程已经启动，它将成为今后中国和世界的供应与需求的新焦点。电子工业是研制和生产电子设备及各种电子元件、器件、仪器、仪表的工业，是军民结合型工业。由广播电视设备、通信导航设备、雷达设备、电子计算机、电子元器件、电子仪器仪表和其他电子专用设备等生产行业组成。电子产品应用范围广，技术进步快，已经进入国民经济和人民生活水平的各个领域。从 1916 年开始生产电子管起，无线电工业经历了电子管、晶体管、集成电路、大规模和超大规模集成电路阶段；知识、技术、资金密集；产品附加值高，经济效益好；已突破制造业的范围，形成了软件、服务、信息等新兴产业；许多国家都把电子工业的发展放在突出的位置，作为一个带头产业。

电子产业所属的企业核心竞争力主要是企业的核心技术能力和人员的专业素质。高职教育将电子产业文化融入教学中，培养高职学生的专业文化素质。

第八章 电子产业与我们的工作和生活

电子产品是现代文明的象征，是社会进步的体现。它们的广泛使用能提高我们的生活质量，方便我们的生活，促进社会经济的发展，加快信息的传播。一进家门，就有热气腾腾的美味等着你，即使工作再忙也能在第一时间穿上干净整洁的衣衫，家里进了陌生人，马上就能将报警电话打到当地派出所……乍一听，您一定以为这是一位出色的家政服务员在忙碌，其实，这只是一支遥控器所为。家庭网络标准产业联盟研发出的家庭网络遥控产品使这一切变得简单，一支遥控器可随时随地控制家中的任何电子产品。

随着人们对于汽车的需求不断提升，越来越多的人不再满足于将汽车单纯地视作代步工具，因此如何为汽车创造更多的舒适性与更全面的功能便成为了电子工程师们研究的项目。如今，借助电子科技的发展，汽车上也越来越多地被电子产品所武装，不再是简单的机械产品，而是变成了更加全面的移动的家。最新的科技已经使得无齿电子钥匙或无钥匙启动技术得以普遍应用，这种类型的钥匙取消了传统的机械钥匙，通过电子信号识别车辆与钥匙的信息，当信息一致时，车辆便可以开启并发动，而车辆信息有误，则无法启动车辆，这样的设计，无疑为车辆的防盗提供了更完善的保障。图 8-1 列出了部分电子产品。

图 8-1　各类电子产品

先进的电子产品加上奇妙的信息传输技术，就能造就一个神奇的世界。在 2008 年北京成功举办的第 29 届国际奥林匹克运动会上，各种比赛的计时计分、辅助裁判无一失误，特别是开幕式和闭幕式给世界留下了良好的印象，展现了中国的经济实力、科技实力和几千年中国文化的底蕴。其中，电子信息的卓越功能，得到了充分的展现。但是，大家未必知道为导演提供支撑的是一个电子信息系统，在这个电子信息系统中进行了数字仿真，这套仿真系统是以计算机为核心的电子信息系统，是由北京大学一个团队专门研制、安装、维护和实现的，这也是实现科技奥运的一个重要的方面。图 8-2 展示了北京奥运会开幕式上的电子画卷。

图 8-2　科技奥运惊艳世界——北京奥运会开幕式画卷场景

先进的电子产品加上奇妙的信息传输技术，就能造就一个神奇的世界。

与百姓生活密切相关的数码电子产品及信息、通信技术的发展变化，不仅带来了人们生活的便利、与世界联系的紧密，更因为其技术更新换代的迅猛，也成了检验一个人适应社会进步能力的重要标尺。而从整个人类发展史来看，电子产业带来的巨大影响远不止此。20 世纪人类取得了一系列科学技术的辉煌成就，并形成了电子信息、生物技术、新材料技术、航天航空、原子能等高技术领域和高技术产业，其中对经济和社会影响面最广、影响力最大，影响持续时间最长的是电子信息技术。四十多年中，在电子技术和数字技术的双轮推动下，电子信息设备一方面通过极其迅速的更新换代，使性能高速提高，体积能耗不断减小；另一方面以惊人的速度降低价格，为信息技术的广泛应用创造了良好的技术条件和经济可能性。随着 20 世纪八、九十年代互联网在全世界的迅猛兴起，电子产业进入了人类社会生活的方方面面，对政治、经济、军事、科技、文化、社会等领域都产生了重大影响，从而揭开信息经济时代的序幕。

放眼我们生活的世界，电子信息技术已经涵盖了社会的方方面面，电话交换局怎么处理各种电话信号、手机怎样传递我们的声音和图像、我们周围的网络怎样传递数据，甚至信息化时代军队的信息保密等等，都离不开电子信息技术的应用。

一、电子产业成为带动经济增长的引擎

当今世界，电子信息产业作为新经济的主导产业，不但总量增长势头迅猛，而且由于其技术含量高、附加值高、污染少、潜力大，能对国民经济及社会发展的其他部门起引领带动作用，因此发达国家和新兴发展中国家对本国的电子信息产业发展都竞相投入了极大热情和高度关注。

20 世纪 90 年代以来，以通信、计算机及软件产业为主体的电子信息产业凭借其惊人的增长速度，一举成为当今世界上最重要的战略性产业。它在各行业激烈的经济技术竞争和产业结构调整升级中高速发展，增长速度基本保持在 6%～10%之间，平均为同期世界 GDP 增长率的 2 倍。总的来说，世界电子信息产业增速高于世界 GDP 增速，且在世界 GDP 中的比重逐步加大；世界电子元件产业增速高于世界电子信息产业增速，且在世界电子信息产业中的比重逐步加大。电子产业已成为许多国家推动经济发展的引擎。在 2007 年，世界电子信息产业总产值达 4.65 万亿美元，占世界总产值的 9.3%，跃居各产业之首。2015 年 3 月中国（深圳）IT 领袖峰会发布《中国 IT产业发展年度报告》，报告中的数据显示，2014 年我国电子信息产业收入超过了 14 万亿元，电子信息制造业销售收入首次突破 10 万亿元。2008 至 2014 年软件业务占 IT 产业比重提升了 12.9%，显示产业结构不断优化。华为累计拥有专利近 3.7 万项，全球4G

专利里面前十家有华为、中兴、大唐，智能手机出货量前十中有6家中国公司。

二、电子信息技术推动传统产业技术升级

电子信息技术的广泛应用使信息的重要生产要素和战略资源的作用得以发挥，使人们能更高效地进行资源优化配置，从而推动传统产业不断升级，提高社会劳动生产率和社会运行效率。

电子信息技术在以下几个层面推动着传统的工业企业升级：

第一、将信息技术嵌入到传统的机械、仪表产品中，促进产品“智能化”“网络化”，是实现产品升级换代的重要方向。“机电一体化”的意思就是指这种工作。在机械制造业，就从以往的单机人工操作发展到目前的数控机床，逐步向自动化生产的跨越迈进。

第二、计算机辅助设计技术、网络设计技术可显著提高企业的技术创新能力。

第三、产品制造过程的自动控制可通过计算机辅助制造技术或工业过程控制技术实现，能明显提高生产效率、产品质量和成品率。

第四、利用电子信息系统实现企业经营管理的科学化，统一整合调配企业人力物力和资金等资源，以达到整体优化。

第五、利用互联网开展电子商务，进行供销链和客户关系管理，不断促进企业经营思想和经营方式的升级，可提高企业的市场竞争力和经济效益。

因此，在经济全球化的今天，企业如果不以电子信息技术这一“新武器”装备自己，则没有前途。电子产业是改造传统的最有利的武器。

因此，在经济全球化的今天，企业如果不以电子信息技术这一“新武器”装备自己，则没有前途。电子产业是改造传统的最有利的武器。

三、电子产业使劳动力结构出现巨变

随着信息资源的开发利用，人们的就业结构正从农业人口、工业人口为主向从事信息相关工作为主转变。以美国为例，1956年，美国的“白领”人数第一次超过“蓝领”，到1980年，美国就业比例为：农、林、渔业从业人数占总就业人数的3.38%，采矿业和建筑业占7.23%，制造业占22.09%，服务业占67.2%。这种趋势进一步发展，到1997年其农、林、渔业从业人数占总就业人数的2.63%，采矿业和建筑业占6.88%，制造业占16.08%，服务业扩大为73.34%。服务业中，除了极少部分传统服务业外，绝大多数是从事与信息处理、信息服务有关的职业。对于这种趋势，美国学者总结说：“从农民到工人再到职员，这就是美国的简史。”“我们现在大量生产信息，就像我们过去大量生产汽车一样。”

一切决定和影响经济增长的因素都会不同程度上对产业结构的变动产生直接的或间接地影响。知识创新、技术创新和技术进步是经济增长的主要推动力量，也是产业结构变迁的动力。

四、电子信息技术促进人类文明的进步

电子信息技术在全球的广泛使用，不仅深刻地影响着经济结构与经济效率，而且作为先进生产力的代表，对社会文化和精神文明产生着深刻的影响。

信息技术已引起传统教育方式发生着深刻变化。计算机仿真技术、多媒体技术、虚拟现实技术和远程教育技术以及信息载体的多样性，使学习者可以克服时空障碍，更加主动地安排自己的学习时间和速度。特别是借助于互联网的远程教育，将开辟出通达全球的知识传播通道，实现不同地区的学习者、传授者之间的互相对话和交流，不仅可以大大提高教育的效率，而且给学习者提供一个宽松的内容丰富的学习环境。远程教育的发展将在传统的教育领域引发一场革命，并促使人类知识水平的普遍提高。

互联网已经成为科学研究和技术开发不可缺少的工具。互联网拥有的海量的大型图书馆、文献库和信息源，成为科研人员可以随时进入并从中获取最新科技动态的信息宝库，大大节约查阅文献的时间和费用；互联网上信息传递的快捷性和交互性，使身处世界任何地方的研究者都可以成为研究伙伴，在网上进行实时讨论、协同研究，甚至使用网上的主机和软件资源，来完成自己的研究工作。

信息网络为各种思想文化的传播，提供了更加便捷的渠道，大量的信息通过网络渗入到社会各个角落，成为当今文化传播的重要手段。电子出版以光盘、磁盘和网络出版等多种形式，打破了以往信息媒体纸介质一统天下的局面。多媒体技术的应用和交互式界面的采用为文化、艺术、科技的普及开辟了广阔前景。网络等新型信息介质、为各民族优秀文化的继承、传播，为各民族文化的交流、交融提供了崭新的可能性。网络改变着人与人之间的交往方式，改变着人们的工作方式和生活方式，也就必然会对文化的发展产生深远的影响，一种新的适应网络时代和信息经济的先进文化将逐渐形成。

人类社会经历了语言、文字、电磁波、电脑等四次重要的信息革命。人类历史与信息相伴相生，电子计算机的出现，使人类对信息的认识逐渐加强，信息时代逐渐展露出其真正面目。人类历史前进的推动力离不开信息的传播、融合和持续发展，同样信息革命正以一种超乎我们想象的力量在前进……

第九章　电子产业的运转与流通

一、电子产业的产业链与企业分类

电子是构成原子的基本粒子之一，质量极小，带负电，在原子中围绕原子核旋转。1897年，剑桥大学卡文迪许实验室的约瑟夫·汤姆生在研究阴极射线时发现了电子。

电子技术是根据电子学的原理，运用电子器件设计和制造某种特定功能的电路以解决实际问题的科学，包括信息电子技术和电力电子技术两大分支。通俗地说，电子技术是对电子信号进行处理的技术，处理的方式主要有：信号的发生、放大、滤波、转换。

电子产业是研制和生产电子设备及各种电子元件、器件、仪器、仪表的工业。是军民结合型工业。由广播电视设备、通信导航设备、雷达设备、电子计算机、电子元器件、电子仪器仪表和其他电子专用设备等生产行业组成。电子元件和电子器件制造行业，不论在产品结构、生产模式方面，还是在生产规模、经济总量、生产技术、自动化程度和品种规格等方面都有不同之处，但是，在提供管理信息化解决方案的时候，生产模式、质量管理、成本核算等关键方案都有相同之处，所以，可以把两个细分行业放在一起，也就是通常所说的电子元器件行业。

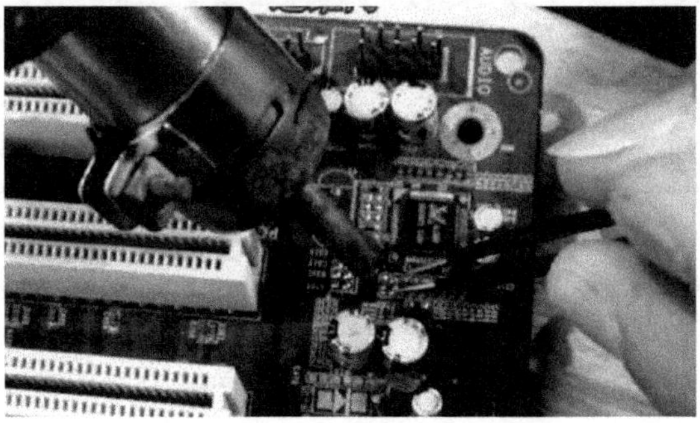

图 9-1　电子器件焊接

电子信息产业是在电子科学技术发展和应用的基础上发展起来的。电子信息产业的发展由于生产技术的提高和加工工艺的改进，集成电路差不多每三年就更新一代；大规模集成电路和计算机的大量生产和使用，光纤通信、数字化通信、卫星通信技术的兴起，使电子工业成为一个迅速崛起的高技术产业。电子工业的发展及其产品的广泛应用，对军事领域产生了深刻的影响，改进了作战指挥系统。第一次世界大战以来，无线电通信成为军事通信的基本手段，被称作军队的“神经”系统。利用电子技术，通过由通信、雷达、计算机等电子设备组成的指挥自动化系统，改变了传统的通信、侦察和情报处理手段，大大提高了军队指挥在现代战争条件下的效能，改进了武器装备系统。电子技术的发展和电子产品的应用，大大提高了现代武器的威力和命中精度。电子器件成了现代武器装备的重要组成部分，电子技术是导弹、军事卫星及其他高技术武器装备制导和控制的核心，无论是战略武器，还是战术武器，其性能高低都同电子技术有密切关系。电子战发展成为独立的作战手段，电子侦察、电子干扰、电子摧毁等形式的电子对抗被广泛使用，电子产业在现代战争中越来越重要。

依据《电子信息产业行业分类注释（2005－2006）》，电子信息产业包括雷达工业行业、通信设备工业行业、广播电视设备工业行业、电子计算机工业行业、软件产业、家用视听设备工业行业、电子测量仪器工业行业、电子工业专用设备工业行业、电子元件工业行业、电子器件工业行业、电子信息机电产品工业行业、电子信息产品专用材料工业行业等 12 个行业、产业，共 46 个门类。

电子元器件行业产业链大致分为上游、中游、下游 3 类。下面以基于硅材料的电子产品为例进行简要说明，如表 9-1 所示。

表 9-1　硅材料电子产品产业链

上游	中游	下游
硅矿→提纯单晶硅，多晶硅 产品：单晶硅，多晶硅	半导体工厂，硅晶片厂，晶圆厂→封装厂，封装成 IC→IC 代理商→终端客户 产品：电子产品	消费者手中→使用后→电子废品，回收→回收提纯，一部分成原材料，一部分成废品，一部分再次回到市场

电子信息产业的利润主要取决于核心技术、知识产权、自主品牌和生产规模。我国电子专业人才流失严重，电子特别是高科技行业严重缺乏高科技人才。加强人才培养，建立一支具有很强研发创新能力的信息人才队伍，是我国电子产业急需解决的困难。

二、电子产品与生产经营

电子工业产品的高新技术不断地发展，促使电子产品生命周期正在进一步缩短，加速了电子产品的更新换代。有的电子产品制造商为适应新的发展思路，将分散的设计、开发、制造、装配进行革新和整合，使电子产品更趋向于使用标准的零部件，以较低的价格提供更多不同的产品。

1. 产品结构特点

（1）较短的产品生命周期。

竞争激烈、技术更新快和产品生命周期短是电子业的基本特征。一方面，由于技术上的不断突破，如芯片设计技术、制造工艺等的发展；另一方面，由于需求的不断变化，加上朝阳行业中由于利益吸引、企业数量多、竞争激烈，都导致了市场上产品更新快，品种数量多。

（2）产品种类多，产品结构难以描述。

电子元器件产品多数以产品的各种电器性能、形状、组成材料等混合编号组成，而且产品更新快，因此，产品种类繁多是电子元器件行业的主要特性之一。电子元器件产品的产品结构多数属配方结构，原料的用料以比例为主，很难以树型结构来描述，传统的BOM结构在电子行业中难适应。

从产业链角度看，包括终端产品、电子中间产品、配件、IC、电子元器件，产业链上不同位置的产品差别比较大。

电子终端产品特点：现今我国已经是全球第三大电子信息产品制造国，电子信息产品已经渗透到我们生活的方方面面，包括通信、医疗、计算机及周边、视听产品、玩具、军工用品等。终端产品趋势：轻、薄、短、小，特点：变化快。如图9-2所示。

图9-2 电子终端产品

电子中间产品特点：电子中间产品是指有独立功能，但一般需配合主体产品销售。比如：汽车音响、空调、楼宇对讲机、监控器、航空耳机等，如图9-3所示。

图9-3 电子中间产品

电子配件产品特点：配件包括各类电脑主板、显卡、网卡、传感器、继电器、开关等，配件已具备一定功能，通常要符合国家或国际标准。配件特点是需配合终端产品，进入障碍低、容易得到销售预测，如图 9-4 所示。

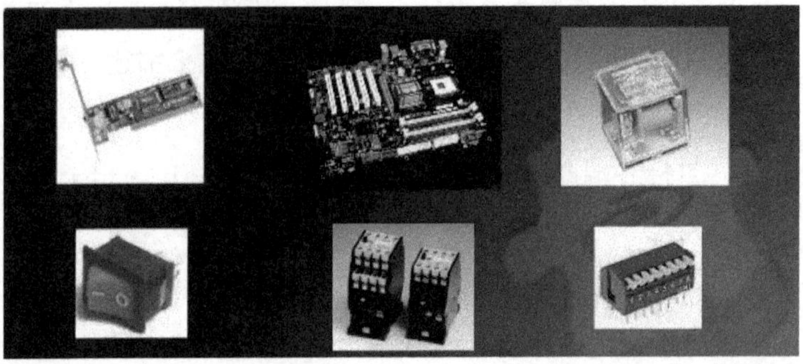

图 9-4　电子配件产品

IC 产品特点：IC 应用非常广泛，包括微处理器、存储器、数字器件、线性器件、接口器件、逻辑器件等，高端产品多为进口。IC 产品特点主要是设计生产难度高，产品技术专利被少数厂商控制，设厂投资大，如图 9-5 所示。

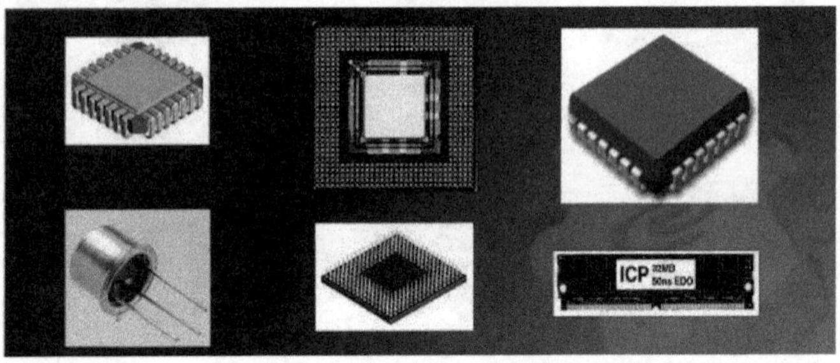

图 9-5　IC 产品

电子元器件特点：电子元器件包括电阻、电感、电容、二极管、三极管等，如图 9-6 所示。这些产品需遵守行业标准，通用性好，供下游厂商选择。电子元器件的主要特点是进入障碍低，工艺管理重要。

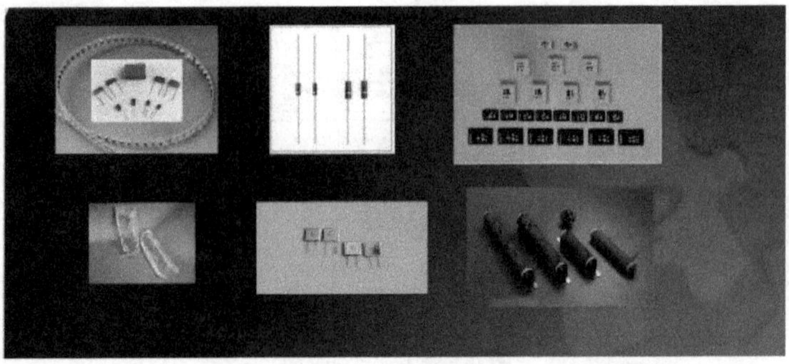

图 9-6　电子元器件

电子行业从产业链角度看：分为终端产品（手机、电脑等）、电子中间产品（汽车音响、空调等）、配件（电脑主板、显卡等）、电子元器件（集成电路、电阻、电感、电容等）。

电子行业主要产业链有：通信产业链、计算机及外设产业链、软件产业链、数字视听产业链、集成电路产业链、新型平板显示产业链、ＬＥＤ产业链、第三代移动通信产业链等。

2. 生产经营特点

（1）混合制造模式。

电子元器件企业无论是企业规模大小，生产管理过程多数采用混合制造模式，主要的特点包括：生产过程以配料、成型、组装、包装过程为主，设置多个工序，每个工序中生产连续性强，一般为自动化生产线生产，自动化生产水平高；每个工序的生产特点既有连续生产类型工序，也有组装工序，工序之间的加工模式各不相同，属混合制造模式；产品加工过程以批量生产为主，生产过程以批为流动单位，在线生产的批次繁多，在线控制成为生产管理的主要功能；生产设备昂贵，保证设备的有效作业率是企业资源计划 ERP（Enterprise Resource Planning）的重要内容；产品质量受到普遍重视，业内许多企业已通过 ISO9000 国际质量体系认证。

（2）不同的竞争层次。

企业级的竞争中，战略层的竞争主要集中在客户、市场份额和新产品、新技术；战术层的竞争主要集中在价格、市场渠道、生产效率、订单交货期、产品质量等。

（3）产品的商业化，大众化。

由于行业工业标准已经比较成熟，技术的商业化速度比较快，所以产品生产转换较快，生产效率较高，市场产品呈现低成本、大众化。

（4）销售过程控制严格。

电子元器件行业企业的客户，多为大客户（整机厂家），保持良好的客户关系是企业客户管理的主要工作；订货量计划性较差，主要体现在客户下单的时间急、数量不等、要求高。因此，实时交货时间预估、客户的信用评估是系统的关键功能。

3. 新产品开发特点

（1）新产品开发投入大。

电子元器件行业是技术性行业，产品的技术含量决定了企业产品的竞争力，技术创新成为企业发展的重要基础。设计产品研发的投入比例比较大。

（2）产品质量控制严格。

电子行业强调对供应商的质量监控。一是优化供应商网络，通过供应链联盟来优选供应商，对供应商的生产能力、设计能力、信息技术能力、企业战略和文化等做出整体评价，保证供应商伙伴的质量；二是强调质量控制流程，通过供应链上信息的共享和质量管理信息系统，对产品质量的每一个节点都进行严格的控制，实现对质量的过程控制，从而降低生产成本；三是在外包生产的制造与交付上，制定严格的质量检验标准体系，有缺陷器件要快速调换，这是保证整个供应链上的生产效率和产品质量的前提，要实现这一点，必须制定合理的废品回收机制，和反向物流机制。

4. 电子业的行业特点

电子业的行业特点

行业特点	客户需求不容易掌握，交期短，插单频繁，要求制造商能提供多种配置的产品供选择
	产品结构明确并且固定
	产品升级换代迅速，生命周期短，变更频繁，版本控制复杂
	产品生产周期短，对生产计划、物料计划等方面的协调配合要求非常高
	产品零配件品种、型号繁多，采购、装配相对复杂，自制与企业间协作生产并重
	容易产生呆滞料
	产品质量管理受到普遍重视，质量控制要求高
	供应商众多，需要对供应商进行考核
	客户多，需及时掌握客户信用状况及提高应收账款周转率
	产品种类多、批量小，返工频繁，成本核算费时费力，难以掌握真正的成本
	某些主零件交期长，需根据市场预测提前购买或保持一定的库存
	替代料普遍，在做物料计划时，需要充分考虑
	终端产品具有售后维修管理需求，需记录管理产品的序列号，维修记录，还需根据序号追踪原始生产状况

三、电子产业发展态势

中国的电子信息产业出现于20世纪20年代。1929年10月，中国国民党政府军政部在南京建立“电信机械修造总厂”，主要生产军用无线电收发报机，以后又组建了“中央无线电器材有限公司”“南京雷达研究所”等研究生产单位。中华人民共和国成立后，政府十分重视电子工业的发展。最初，在中央人民政府人民革命军事委员会成立电讯总局，接管了官僚资本遗留下来的11个无线电企业，并与原革命根据地的无线电器材修配厂合并，恢复了生产。1950年10月，中国政务院决定在重工业部设立电信工业局。1963年，中国国家决定成立第四机械工业部，专属中国国防工业序列。这标志着中国电子信息产业成了独立的工业部门。1983年，第四机械工业部改称电子工业部。中国的电子工业经过几十年的建设和发展，已经具有相当规模，形成了军民结合、专业门类比较齐全的新兴工业部门。到90年代初，中国电子工业已经能够主要依靠国产电子元器件生产20多类、数千种整机设备以及各种元器件，许多精密复杂的产品达到了较高水平，并形成了雷达、通信导航、广播电视、电子计算机、电子元器件、电子测量仪器与电子专用设备等六大产业。中国电子信息产业已具有门类齐全的军用电子元器件科研开发与配套能力，具有一定水平的系统工程科技攻关能力，基本能满足战略武器、航天技术、飞机与舰船、火炮控制和各种电子化指挥系统的需要。2011 年末，我国电子元件制造工业企业达 4618 家以上，电子元件制造工业企业实现主营业务收入达 12054.5 亿元，同比增长 17.87 %。我国的电子元件生产已经成为继美国、日本之后的第三大生产基地。电容器、电阻器、电子变压器、磁性材料、压电石英晶体、电声器件、微特电机、印制电路板的产量已居世界首位。到 2015 年，我国电子元器件总产量达到 5 万亿只，销售收入达到 5 万亿元。电子元器件国际市场占有率达到 50%，国内市场占有率达到 70%。

从世界范围看，发展早期及 20 世纪后半叶以来，美国、日本、德国等发达国家占主导地位。德国的电子信息产业历史悠久，基础较好，在世界电子市场上曾与美国争霸，称雄一时。第二次世界大战后，美国确立了其电子信息技术的领先地位。2007 年我国电子元件产业总产值达到 24.66 万亿元，占世界总产值的 7.1%，名列美国、日本、德国之后，居世界第四位；2008 年达 30.07 万亿元，占世界总产值的 8.5%，超过德国，居世界第三位；2009 年达 32.63 万亿元，占世界总产值的 9.0%，超过日本，居世界第二位。中国电子产业的飞速发展令世界注目。

综观全国，环顾世界，可以看出电子类行业的发展趋势，电子信息产业引领国家和世界经济发展，电子元件产业引领电子信息产业发展；电子元件技术水平和创新能力决定电子信息产业技术水平和创新能力，电子信息产业技术水平和创新能力决定国家和世界技术水平和创新能力；一个国家的综合国力和在世界上的竞争力，越来越依重于电子元件的创新力和竞争力。

目前，电子信息产业已成为全球及许多国家经济增长和社会发展的关键要素，其增加值在 GDP 中的比重不断提高。随着高科技及各国信息基础设施建设和全球信息化建设的发展，电子信息产业作为高科技产业群的主导产业，在知识经济时代的新世纪仍将保持高速增长。在电子产业的新局势下，其产业新特点也日益形成并凸显。

1. 形成新的产业分工体系

由于产业分工的进一步细化，逐步向工序分工转变。产业链和产品工序的作用日趋明显，产业由梯次转移向直接投资转移。例如：由于 SMT 技术的发展，原来的整机厂板子都不做了，开始投资研发，加大新机型组装和销售力度。

2. 产品竞争力因素有所变化

市场、资金和技术的国际化使得国际竞争由资源、产品的竞争转向技术、品牌、资本和市场份额的竞争，核心技术和品牌成为竞争的关键。技术进步对市场的影响越来越大，产品更新换代日新月异，为电子市场快速增长不断注入了新的活力。由于技术高速发展和市场激烈竞争，使得技术开发的难度和风险越来越大，所需经费和高科技人才投入越来越多，从而跨国公司联合研究开发应运而生。

电子信息产业的利润主要取决于核心技术、知识产权、自主品牌和生产规模。比如说中国 2003 年半导体产业的销售总额仅为 200 亿元，利润只有 3%，而跨国巨头英特儿公司一家的销售额就超过 2300 亿元，其利润高达 18%。就整机厂家来说，中国微波炉第一大户格兰仕由于依靠定牌加工（OEM），自身收益也只有 3%～5%。

3. 跨国公司主导地位突出

目前，世界上已形成了几万个跨国公司，有几千个在各行业有影响，主要以世界 500 强为主。这些跨国公司在电子信息产业领域兼并之风席卷全球，主导竞争潮流已成定势，比如，2014 年全球半导体销售额为 3398 亿美元，较 2013 年的 3150 亿美元增长 7.9%。根据 Gartner 的统计，排名前 25 的半导体企业合并销售额同比增长 11.7%，超过行业整体水平。这些企业占行业总销售额的 72.1%，较 2013 年的 69.7%略有提升。在全球电子信息产业各领域起主导作用的跨国公司主要有以下企业：

计算机领域：戴尔、惠普、联想、苹果

电子视听领域：索尼、松下、飞利浦、三洋

通信领域：苹果、摩托罗拉、诺基亚、黑莓

集成电路领域：英特尔

软件领域：微软、EDS

4. 空间集聚效应增强

规模经济和技术外溢效应导致产业在空间分布上高度集中。以产业链为基础的电子信息产业基地和产业园已在全球形成基本格局。按照产业链形成了许多产业基地。跨国公司主要集聚在新加坡、马来西亚和中国。

5. 柔性制造技术正在兴起

随着技术进步和生活水平的提高，消费个性化逐渐成为潮流，知识经济时代的重要特点也在凸显，即人们对电子产品的需求越来越多样化。电子产业为了适应多样化、批量小、总量大的市场需求，同时为了顺应消费个性化的新形势，满足不同消费群要求的众多产品应运而生，柔性生产技术得到快速发展。

6. 电子及通信行业不断处于重点技术转型期

数字化、网络化、智能化成为主流。数字电视、第三代、第四代移动通信和新一代互联网，这些对未来发展影响重大的信息网络系统和技术日益成熟，并成为未来网络建设和业务发展的重点。在通讯领域，数字技术正在全面取代模拟技术；在广播电视领域，已开始由模拟电视向数字电视转变；数字电视广播已在全球及很多国家试播；数字音频广播也已进入商品化阶段。

7. 核心产业的作用日益重要

软件、集成电路、新型元器件、电子材料和专用设备仪器是电子信息产业的核心产业，其实力水平是决定一个国家电子产品国际竞争力强弱的关键。电子信息产品制造业占据主导地位是美、日等发达国家，也是因为他们掌握并垄断着核心软件和关键基础元器件的设计和生产。美国垄断了核心微处理器系统芯片技术；日本在半导体存储器、电子生产设备以及平板显示器、硬盘驱动器、打印机等方面占有优势。

8. 产品界限和产业界限日趋模糊

数字技术促进了音视频、通信、计算机三大类产品间互相融合。电信网、电视网和计算机网交叉经营、资源共享且相互渗透已是大势所趋。由于我们国家管理体系的问题，目前电信网、电视网和计算机网暂时还是相互分离独立的。电子技术与机械、汽车、能源、交通、建筑、轻纺、冶金等产业的结合不断催生了新的技术领域和更广阔的产业门类。计算机、手机、传真机大量进入家庭，使消费类和投资类产品边界模糊。数字化多媒体等信息技术的发展促进了PC 和 TV 的融合，使家用电视机、计算机、通讯终端融为一体的信息家电出现。

9. 产品本地化产销形成气候

出于开拓国际市场的需要，国际跨国公司都在大力促进本地化战略，通过独资、合作等方式在发展中国家和地区建立自己的生产基地，期待更大的市场份额。

> **数字技术促进了音视频、通信、计算机三大类产品间互相融合。电信网、电视网和计算机网交叉经营、资源共享且相互渗透已是大势所趋。**

第十章　电子产业文化特色

一、电子技术企业特色文化

1. 电子企业的特征

电子企业作为经济发展中的朝阳产业，成为新的经济增长点，其原因在于突出的基本特征，使其发展具有传统产业难以比拟的增量效应和乘数效应。

（1）技术和资金密集，创新和风险并存。目前，电子信息产业的创新速度是其他产业不可比拟的。电子技术水平每 3 年提高一倍，信息技术专利新增超过 30 万项，科研资料的寿命平均只有 5 年，以科技研发为先导、具有高创新性和高更新频率已经成为世界电子信息产业的重要特征。同时，由于电子信息产业化过程投入大、成功率不高，也使电子信息产业呈现相对较高的风险。

（2）固定成本高，可变成本低。除了部分信息设备制造业企业外，大多数电子产业企业都具有高固定成本，低边际成本的特点。以计算机硬件制造业为例，建设一家生产计算机芯片的厂家，总投资需 20 亿美元以上，而在建成后的生产过程中，可变成本却不到总成本的 30%，即计算机芯片生产中 70%以上是固定成本。

（3）研制开发成本高，生产制造成本相对低。电子信息技术产业属于研究开发密集型、知识密集型产业。电子信息产品的研制与开发往往属于跨学科、跨行业的系统工程，与传统产业相比，大多数电子信息产品在研制开发阶段投资都很高，而真正达到生产制造阶段投资相对较低。

（4）需求方规模经济效应。技术创新是电子产业发展的核心驱动力，但一项新的电子技术或产品能否生存还取决于需求方是否具备规模经济效益，这是信息产业发展的独有特征。工业时代的规模经济是指随着生产商的生产规模扩大，产品的平均成本将下降，可以称之为生产方规模经济，或卖方规模经济，信息时代的电子信息产业具有独特的需求方规模经济效应，或买方规模经济，即随着需求方的规模扩大，需求方和生产方的收益会随之增加，这种有信息产品自身特性所构成的现象，极大地影响了生产和消费两方面的决策。一方面，电子信息产品自身存在着互联互通的内在要求，存在着网络外部性；另一方面，电子信息产业在淘汰旧产品的同时，通常将其信息交换格式也一同淘汰。

（5）用户成本锁定。电子信息产品具有很强的用户成本锁定效应，即用户一旦使用上某种电子信息产品之后，如果要更新原有产品，就会遇到巨大的更新转移成本，高更新转移成本带来锁定用户。这是电子产业普遍存在的现象，也是电子信息产品区别于传统工业制品的一个显著特性。

（6）对标准的高度依赖。随着电子信息技术及其产业的发展，对标准的依赖性越来越高，一定意义上讲，谁控制了标准，谁就会在激烈的市场竞争中取得主动。

（7）高渗透性。当前，各行各业的进一步发展都离不开电子信息技术和电子信息产品的应用。一方面，电子信息产业通过产品与服务广泛渗透到其他产业和部门的产品与服务中。例如，信息技术在工业设计、生产、控制等领域内被充分利用；计算机控制技术、计算机辅助设计、计算机辅助分析、计算机集成系统等已经被广泛应用于机械、电子、航空航天、造船、建筑、轻工、纺织等产业领域，或提高了这些产业和部门的劳动效率，或提高了相关产品的质量、实现了产品创新，亦即其他产业所生产的产品和提供的服务中包含了电子信息产业所创造的价值；使得传统产业的自动化程度越来越高，机器设备对人的依赖程度降低，在易腐、易爆的危险岗位，由“纲领工人”（即机器人或其他机械手）来代替“蓝领工人”。这使传统工业在生产方式上发生了重大变革，增强了安全性，降低了能耗，提高了产品合格率和生产效率，同时技术含量增加，加工更加精细，满足了消费者日益提高的需求。另一方面，电子产业直接向其他产业提供有偿信息服务，直接影响其他产业的发展。如公路、铁路、航运、水运。航天、管道等运输方式因为采用了先进的计算机技术而发生了质的飞跃。

2. 电子行业企业的文化特征

以我国 287 家光电子企业为样本，电子信息企业具备创新文化特征与企业创新绩效之间的关系，“鼓励冒险、宽容失败”“相信创新是重要的”“交流思想的意愿”这几个文化特征与企业的创新绩效显著正相关。

（1）鼓励冒险、宽容失败。思想解放的程度，决定创新的力度、深度和广度，创新中往往有失误，但是有了宽容失败这颗“定心丸”壮胆撑腰，创新者才会大胆探索，勇于实践，突破原有经验模式局限，冲破过时的条框束缚，这样整个社会的创造力才能因此被激发，发展就有了更多的源头活水。

（2）创新永远是重要的。创新是一个企业生存和发展的灵魂。 对于一个企业而言，创新可以包括很多方面：技术创新，体制创新，思想创新等。简单来说，技术创新可以提高生产效率，降低生产成本；体制创新可以使企业的日常运作更有秩序，便于管理，同时也可以摆脱一些旧的体制的弊端，如科层制带来的信息传递不畅通；思想创新是相对比较重要的一个方面，领导者思想创新能够保障企业沿着正确的方向发展，员工思想创新可以增强企业的凝聚力，发挥员工的创造性，为企业带来更大的效益。

（3）思想交流的意愿。电子行业的技术产品研发制造是任何一个个体难以独立完成的，需要集体的共同完成。团队协作精神的基础是尊重个人的兴趣和成就。核心是协同协作，最高境界是全体成员的向心力、凝聚力，反映的是个体利益和整体利益的统一，并进而保证组织的高效率运转。团队交流思想的意愿、协作精神的形成并不要求团队成员牺牲自我，相反，挥洒个性、表现特长保证了成员共同完成任务目标，而明确的协作意愿和协作方式则产生了真正的内心动力。团队协作精神是组织文化的一部分，良好的管理可以通过合适的组织形态将每个人安排至合适的岗位，充分发挥集体的潜能。如果没有正确的管理文化，没有良好的从业心态和奉献精神，就不会有团队协作精神。

（4）用户至上的原则。用户至上，是现代企业的服务理念，就是以市场为导向，不断地进行产品和服务创新，不断满足客户日益增长的服务需求。有永远的顾客才有永远的公司。

在企业文化相关理论当中，核心价值是经常被提及的概念，但是大家对于核心价值的理解却往往大相径庭。核心价值本是一个舶来品，出自 1994 年柯林斯和波拉斯发表的专著《基业长青》。在书中，作者提出了“愿景型企业”的概念，并认为保持核心价值和核心使命不变，同时又使经营目标、战略与行动适应变化的环境是企业不断自我革新并取得长期优秀业绩的原因，而构建与贯彻有效的企业愿景则是成功的关键。

二、典型企业文化

例 1：LG 公司：“革新，从心开始”“资源有限，智无限”

人们可以从很多方面解析一个企业快速崛起的奥秘，但有一点是决不能忽略的，这就是这个企业优秀的文化基因。

LG 的员工，一般要经过三层培训：新入社员的革新教育，主要是了解企业发展历程和经营理念，同时进行团队协作、个人意志品质等训练，通过培训让员工有一种归宿感、团队感；上岗培训，员工要接受礼仪、礼貌、作息习惯等日常培训以及英语、韩语、电子化办公等基础业务培训；全社员教育，定期开展全体员工思想教育，及时传达 LG 总部最新理念，要求所有员工不折不扣执行新理念。

另外，LG 的培训特别着眼于细节，从点滴抓起。起身后要将桌椅归位，茶杯、文件要摆在不同地方，从 LG 韩国总部，到所有分设机构的老总办公室里，都挂有这样一幅工整的汉字隶书：资源有限，智无限。

据说，这 7 个字，是一名来自北京的大学生在参观 LG 总部后写下的心得体会。LG 集团总裁具本茂看后十分赞赏，随即将这 7 个字升格为集团的经营理念之一。LG 人不仅将这一信念牢记在心，同样把这一信念应用到日常企业管理中。

到过 LG 的人都知道，LG 的办公机构设置很“简易”，全公司 40 多个部门集中在二楼大厅办公。除了总经理和常务副总拥有独立办公室外，其他管理人员和普通员工一样在大厅办公，部门与部门之间相隔一般不超过 3 米。

敞开式办公，不仅可以高效率地处理日常公文，还可以及时协调部门与部门之间的矛盾，同时也让管理人员零距离地管理员工，从而杜绝上班时间干私活、串岗、聊天等不良现象。据悉，在 LG，一个文件的签署一般只需要 5 分钟。

电邮发送后要和对方确认一下。这些都已成为每个 LG 员工日常的习惯。

LG Life's Good

LG 识别标志的含义：世界、未来、年轻、人才、技术等 5 个概念加以形象化，基本上 L 和 G 摆在外圆的内部，表示人类是我们 LG 经营的中心。象征在世界各地与顾客建立亲密的关系，为了满足顾客而努力的 LG 人的决心。

例 2：索尼公司：发前人之未发

日本索尼公司创建于 1946 年，原名为“东京通讯株式会社”，当时只有 20 名工人，500 美元资产。50 年代，公司创始人井深和盛田昭夫把它改名为“东京通信工业”。现在，索尼公司有 72 家子公司，4 万多员工，在 7 个国家开设了 30 多个工厂，在 1999 年《财富》500 强排行榜上，索尼公司排名第 31 位，营业收入额 531.567 亿美元，利润 14 亿美元，资产额 531.829 亿美元。公司主要生产电视机、摄像机、游戏机等 1 万多种声像器材和家用电器，其产品营销 100 多个国家。索尼公司图标如图 10-1 所示。

图 10-1　索尼公司图标

【索尼企业文化的具体内容】

第一，重视科学技术。索尼的创建人深知科学技术的重要性，该公司创立宣言确定：公司的宗旨是迅速地将战时各种非常进步的技术应用到国民生活中去；及时地把各大学和研究所等最有应用价值的优秀研究成果变成产品和商品。此外，他们还大力引进国外先进技术，如引进美国技术，在日本率先生产出半导体收音机和磁带录音机，花了 2.5 万美元（当时是一笔巨款）购买了美国半导体晶体管的专利权。

第二，人尽其才。索尼公司为了充分发挥科技人才的积极性和首创精神，他们推行一种独特的用人制度，即允许并鼓励科技人员根据自己的兴趣、爱好和特长，“毛遂自荐”去申请各种研究课题和开发项目，允许他们在公司各部门、各科研组之间自由流动，各部门领导不得加以阻拦。索尼公司认为，一个人老在一个地方，会因为成功、过于自信而失去创造力，而那些不安于现状、不墨守陈规、敢于在各科研组跳来跳去的人，最具创造精神，能激发竞争，增强科技队伍的活力，很多新产品都是他们开发出来的。例如，笔记本式电脑就是34岁的工程师平山“毛遂自荐”到英国考察后开发成功的。这种灵活的用人机制，使许多年轻科技人才脱颖而出，成为课题负责人，或担任了公司重要职务。

第三，不断创新。创新是索尼企业文化的重要内容，也是成功的要诀。公司创建人曾说：“索尼成功的关键是在科学技术、管理、销售等方面不盲从他人，永远不是在别人后面。”“我们的一贯作法是独出心裁，发前人之未发。”现在索尼每年推出约1000种新产品，平均每个工作日4种。在管理方面，索尼也一改一往从名牌大学招聘大学生的传统作法，而采用对毕业生来源“不准问、不准说、不准写”的招聘方式，以客观、公正地评价应聘者，广招天下英才，增强企业活力。

第四，互敬互爱，互相尊重。索尼公司从总裁、总经理到每一位员工，都一视同仁，互相敬爱，互相尊重。上班时间，大家都穿一样的茄克衫，在不分等级的餐厅里一起就餐，像一个融洽的大家庭。索尼公司的高级主管、各厂厂长都没有单独的办公室，而是与工人们在一起，以便尽快地认识、熟悉他们。

SONY在中文译名上，台湾、香港曾长期采用“新力”作为中文译名，除了具有“创新”“力量”涵义外，也兼具SONY创业精神；中国大陆则是采用较为洋化的“索尼”作为SONY直接音译的名称。但自2009年起，定调全球统一中文名称为“索尼”，以更接近“SONY”的发音，采用“新力”为译名的地区，由“新力”更名为“索尼”。

例3：海尔企业：企业文化成就海尔的灵魂

在海尔，你可以看到海尔的工人在厂区内行走的时候，始终走在马路边上的黄线内，如果你去问他一声：你为什么在这个黄线内走?他会很自然地告诉你：我应该走在这里。因为从他到海尔那一天，他就接受过这样的文化训练，这种文化已经深深地根植在他的脑子里。如果你再走进海尔的车间，你会发现，海尔的车间是光明、整洁的，而且海尔员工的服饰也非常的统一，这同样是文化的一种表现。图10-2所示是位于青岛的海尔集团总部图标。

在海尔流传这样一个故事：海尔的洗衣机分厂，有一个姑娘在19岁的时候走进了海尔集团，并接受了三年海尔文化的洗礼，三年之后被诊断得了白血病，就在她将要离开人世的时候，她向她的亲人提出了最后一个愿望：我要最后再看一眼我所工作的海尔。这就是海尔文化的魅力，它使员工有着强烈的集体荣誉感，并如此热爱着这个集体。

图 10-2　位于青岛的海尔集团总部图标

海尔集团从一家亏空 147 万元濒临破产的小企业，成长为了享有世界声誉的企业集团，产品行销五洲，包括了 58 大门类 9200 多个品种，销售收入以平均每年 81.6%的速度高速、持续、稳定的增长。而这一切的发展与生机勃勃、创新不止的海尔文化是分不开的，海尔文化成为了海尔人创造奇迹的强大动力。

【海尔企业文化具体内容】

海尔企业文化是被全体员工认同的企业领导人创新的价值观。海尔文化的核心是创新。它是在海尔 20 年发展历程中产生和逐渐形成特色的文化体系。海尔文化以观念创新为先导、以战略创新为方向、以组织创新为保障、以技术创新为手段、以市场创新为目标，伴随着海尔从无到有、从小到大、从大到强、从中国走向世界，海尔文化本身也在不断创新、发展。海尔文化员得到工的普遍认同、主动参与是海尔文化的最大特色。当前，海尔的目标是创中国的世界名牌，为民族争光。这个目标把海尔的发展与海尔员工个人的价值追求完美地结合在一起，每一位海尔员工将在实现海尔世界名牌大目标的过程中，充分实现个人的价值与追求。图 10-3 所示是海尔宣传图片。

图 10-3　海尔宣传图片

1. 海尔文化分三个层次

第一，物质文化；第二，制度行为文化；第三，精神文化。

2. 海尔核心价值观

海尔精神：敬业报国 追求卓越

海尔作风：迅速反应 马上行动

3. 海尔企业文化层次论

海尔企业文化层次论

海尔企业文化层次论	
表层海尔文化	海尔标志、海尔中心大楼、海尔广告、海尔的样品展室，海尔的园区绿化，可爱的海尔兄弟商标
浅层海尔文化	海尔职工礼貌、素养、标准蓝色着装；迅速反应，马上行动的作风
中层海尔文化	产品——注重环保、用户至上的海尔产品，“大地瓜”“小小神童”洗衣机，“宽带电压”、瘦长的“小王子”电冰箱等产品所体现的“乡情”及其文化、科技内涵 服务——海尔的客户需求调查、海尔生产线现场参观、工业旅游专线的设计 售后服务——“用户永远是对的”理念的建立和实施，无搬动服务及 24 小时安装到位服务项目
深层海尔文化	OEC 管理模式，“日事日毕、日清日高”和“三 E 卡”管理，定额淘汰，竞争上岗的组织平台，创自主管理班组做法……
里层海尔文化	管理理念，包括“有缺陷的产品就是废品”的质量理念，适应中国国情的“吃休克鱼，用文化激活休克鱼”企业兼并理念；“东方亮了，再亮西方”的市场扩张理念；“首先卖信誉，其次卖产品”的营销理念；“人人是人才，赛马不相马”人才观；“用户永远是对的”和“把用户的烦恼降到零”的售后服务理念；“先难后易，先创名牌，后创汇”的国际市场战略；“用户的难题就是我们开发的课题”和“要干就干最好的”科研开发理念；海尔的企业斜坡球体定律等等，可谓丰富多彩，全面系统，配套协调
内层海尔文化	海尔前景，也就是十年之内，进入世界 500 强的奋斗目标
海尔文化内核	也就是海尔的哲学和价值观，那就是“敬业报国，追求卓越”“海尔真诚到永远”。就象张瑞敏所说的：“我想无论哪个企业的目标应该都是一样的，都要追求长期利益的最大化。但这只是一个目标，并不是目的。企业存在的目的是和社会融为一体，推动社会的进步”

【案例】

17 小时将海尔经理人的建议变成样机

美国海尔贸易公司总裁迈克曾接到许多消费者的反映，说普通冷柜太深了，取东西很不方便。在 2001 年“全球海尔经理人年会”上，迈克突发奇想，能否设计一种上层为普通卧式冷柜，下面为带抽屉的冷柜，二者合一不就解决这一难题了吗？

冷柜产品本部在得知迈克的设想后，四名科研人员立即着手改进，连夜奋战，仅用 17 个小时完成了样机。不但如此，他们还超出用户的想象，又做出了第二代产品。在当晚的答谢宴会上，当这些样机披着红绸出现在会场上时，引来一片惊叹声，接着爆发出一阵长时间的热烈的掌声。

冷柜产品本部本部长马坚上台推介这一工商互动共同的结晶，并当场以迈克的名字为这一冷柜命名。

【企业文化观点】

海尔CEO张瑞敏关于海尔文化的十三个观点

观点之一 ——有缺陷的产品就是废品

1985年，张瑞敏刚到海尔（时称青岛电冰箱总厂）。一天，一位朋友要买一台冰箱，结果挑了很多台都有毛病，最后勉强拉走一台。朋友走后，张瑞敏派人把库房里的400多台冰箱全部检查了一遍，发现共有76台存在各种各样的缺陷。张瑞敏把职工们叫到车间，问大家怎么办？多数人提出，也不影响使用，便宜点儿处理给职工算了。当时一台冰箱的价格800多元，相当于一名职工两年的收入。张瑞敏说："我要是允许把这76台冰箱卖了，就等于允许你们明天再生产760台这样的冰箱。"他宣布，这些冰箱要全部砸掉，谁干的谁来砸，并抡起大锤亲手砸了第一锤！很多职工砸冰箱时流下了眼泪。然后，张瑞敏告诉大家——有缺陷的产品就是废品。三年以后，海尔人捧回了我国冰箱行业的第一块国家质量金奖。

观点之二 ——东方亮了再亮西方

"东方不亮西方亮"，这是国内不少企业多元化经营的美好初衷。从1984年到1991年，张瑞敏把这7年叫做海尔的"名牌战略阶段"。7年时间里，海尔只做了冰箱一个产品。到1991年，海尔冰箱产量突破30万台，产值突破5个亿；全国100多家冰箱企业，海尔是唯一一家产品无积压，销售无降价，企业无三角债的企业；海尔商标是全国家电行业唯一入选"中国十大驰名商标"。1992年起，海尔开始"多元化发展阶段"。如今海尔产品有58个系列，9200多种，既有白色家电，又有黑色家电和米色家电。其中：冰箱、冷柜、洗衣机、空调器等的市场占有率在全国名列前茅。张瑞敏把海尔的这种多元化战略概括为"东方亮了再亮西方"。

观点之三 ——严格管理不让步

在海尔兼并的18家企业中，有一家1997年12月进来的4000人的国营黄山电视机厂。1998年6月2日，该厂部分员工罢工上了街，原因是接受不了海尔的管理，把海尔派去的孙部长也打了。张瑞敏一看闹到这种地步，"不是你愿不愿意干的问题，而是我让不让你干的问题"，下令无限期停产整顿。这样过了两天，大家就想明白了：海尔不这么做，企业在市场上就站不住脚，企业站不住，员工也就没地方开工资了。后来孙部长给职工代表开会，宣布"明天可以复工了"，手机突然响了老婆要来合肥接"卖力不讨好"丈夫回去。孙部长气道："看你们把事情闹的！"这时，一位职工代表碱了三句口号"孙部长不能走!""海尔不能走!!""海尔精神不能走!!!"。到1999年，该厂一个月电视机的产量相当于过去一年半的产量。

观点之四——只有淡季的思想没有淡季的的市场

一般来讲，每年的 6 至 8 月是洗衣机销售的淡季。每到这段时间，很多厂家就把商场里的促销员撤回去了。张瑞敏纳闷儿：难道天气越热出汗越多老百姓越不洗衣裳？调查发现，不是老百姓不洗衣裳，而是夏天里 5 公斤的洗衣机不实用，既浪费水又浪费电。于是，海尔的科研人员很快设计出一种洗衣量只有 1.5 公斤的洗机——小小神童。小小神童投产后先在上海试销，因为张瑞敏认为上海人消费水平高又爱挑剔。结果，上海人马上认可了这种世界上最小的洗衣机。上海热销之后，很快又风靡全国。以后两年时间里，海尔的小小朋友神童在全国卖了 100 多万台，并出口到日本和韩国。张瑞敏告诫员工说：“只有淡季的思想，没有淡季的市场。”

观点之五——用户的难题就是我们的课题

1997 年 10 月份，张瑞敏到四川出差。有用户跟他抱怨说，海尔的洗衣机不好，下水管老堵。一了解：原来是有些农民朋友用洗衣机来洗地瓜（北方叫红薯），有时泥沙堵塞了下水管。回来后，张瑞敏把这事讲给大家听，一些人觉得像是笑话，说重要的问题是教育农民“怎么使用洗衣机”。但张瑞敏不这么看。他说：“用户的难题就是我们的课题”。后来，海尔专门开发出一种下水管加粗的可以用来洗地瓜的“大地瓜”洗衣机。这事见诸报端后，有人不以为然，说我们的农民富裕到用洗衣机洗地瓜了吗?张瑞敏的想法是，既然用户有需求，我们就该去满足。“这块蛋糕也许不大，但却是我自己享用”。

观点之六——下道工序就是用户

一件电器产品，从设计、生产到销售，要经过若干道工序最终到达用户的手里。但张瑞敏告诉每一道工序：“你的下道工序就是用户”，什么意思？就是说什么问题都得在这儿解决好，留给后边人家不饶你。为此，海尔提出：人人都有上个市场，人人都是一个市场——下道工序是你的市场，你又是上道工序的市场。如果你为上道工序遗留的问题付出了劳动，你的权利向他索酬，同样，如果你把问题留给了下道工序，人家也有权利向你索赔。张瑞敏把这叫做“市场链”，就是一道一道工序像锁链一样的咬合在一起，谁那儿“掉链子”，谁就得从兜儿里掏钱。此招一出，各种问题立马大幅减少，企业效益大幅提高。这事被一位叫菲希尔的外国教授（中欧国际工商学院前教务长）知道了，到海尔跟张瑞敏谈了 8 个小时，拿回去做了个 MBA 的教学案例。

观点之七——企业就像斜坡上的球

张瑞敏有一个著名的“斜坡球体论”，是说企业好比斜坡上的球体，向下滑落是它的本性，要想使它往上移动，需要两个作用力——一个是止动力，保证它不向下滑，这好比企业的基础工作；一个是拉力，促使它往上移动，这好比企业的创新力。这两个力缺一不可。就海尔而言，其 15 年来平均 81.6%的快速增长，首先得益于创业初期长达 7 年的一门心思就造一个冰箱，拿一个冰箱夯实企业的基础工作，锻炼一支队伍，建立一种机制，培养一种文化。其“止动力”如“日事日毕，日清日高”，“拉动力”如“在市场否定你之前先自己否定自己”，已被证明是非常行之有效的管理方法。

观点之八——赛马不相马

人才缺乏，是国内企业的共同呼声。但张瑞敏认为，我们最缺乏的不是人才，而是出人才的机制。海尔在人力资源方面的一个基本做法是“赛马”而非传统的“相马”。海尔的“赛马不相马”的人才机制就是给海尔的每一位员工创造一个发挥才能的机会和公平竞争的环境，从而使企业整体充满活力。海尔的“赛马不相马”应用于下至普通员工，上至集团副总裁。1999年9月，在海尔全球市场产品交易会上，记者们通过嘉宾介绍得知海尔新近任命了两位“见习副总裁”，颇觉新鲜。会后，有记者问张瑞敏“见习”副总裁是怎么回事？张瑞敏道：所谓“见习副总裁”就是把他们放在副总裁的位置上干干看行不行。来年记者再到海尔，得知二人已被正式任命为副总裁。赛马赛到这份儿上，什么马见了不得奋蹄？据说，海尔的管理人员平均年龄只有26岁。

观点之九——企业要长第三只眼

按照张瑞敏的说法——计划经济下，企业长一只眼盯住领导就够了。市场经济下，企业要长两只眼，一只盯住员工，达到员工满意度的最大化；一只盯住用户，达到用户满意度的最大化。但在由计划经济向市场经济过渡时期，企业还要再长第三只眼睛，用来盯住国家政策。张瑞敏举了三个海尔的例子——一个是1992年小平同志南巡谈话后，海尔抓住机遇搞了海尔工业园；一个是1997年利用国家优惠政策，一下子兼并了18个企业；再一个是国际方面的，就是在东南亚金融危机，连自己设在那边的生产厂的产量也在收缩的时候，在那里大做广告，其广告价格是危机前的1/3。结果危机一过，现在海尔的产品在东南亚销量大增。

观点之十——先有市场，再建工厂

这是一种典型的以市场为导向的经营思路，其不仅适用于进人国际市场也适用于开拓国内市场。这里的“建”字，既包括自己建设，当然也包括兼并、参股等多种方式。海尔在这方面的例子，如把滚筒洗衣机的40万台项目拆成两期建设；如在海尔品牌具有相当辐射力的时候兼并“黄山电子”进入彩电行业；如出口美国的冰箱超过当地生产30万台的盈亏平衡点后才在当地建立工厂。反思我们很多企业，不就是因为过于乐观地估计了市场、过于乐观地估计了自己，然后盲目建厂导致设备闲置或生产线开工不足而被拖垮的吗？甚至不是还有世界级的家电企业在中国拿自己开工不足的生产线给国内企业“OEM”（英文全称 Original Equipment Manufacturer，原指由采购方提供设备和技术，由制造方提供人力和场地，采购方负责销售，制造方负责生产的一种现代流行的生产方式。即代工生产，也称为定点生产，俗称代工。）的吗？试想想，这肯定不是他们不远万里来到中国的初衷!

观点之十一——出口创牌而不仅仅是创汇

十几年前海尔按照“先难后易”的原则，要把自己的冰箱送到“师傅”那儿卖时，坚持要挂自己的牌子——此前，光各种认证就折腾了一年半。二十几个德国经销商都不相信刚学会造冰箱没几年的中国，产品能进入德国市场。没办法海尔就把运过去4台冰箱跟德国冰箱放在一起，然后都把商标揭掉，让经销商认哪是海尔的，哪是德国的。结果，没发现任何问题的，大都是海尔的。一下子，德国人服气了，纷纷订货。不久，又碰上德国检测机构对市场上的冰箱进行质量检测，海尔5个项目共拿了8个加号，排在第一位。现在，据德国海关统计，他们从中国进口的冰箱，海尔占了98%，另外在美国市场，海尔占中国出口白色家电的53%。所有产品，都是打海尔自己的牌子。

观点之十二——国际化就是本土化

面对WTO和网络时代的到来，国内企业的国际化成为一个现实的课题。什么是企业的国际化?张瑞敏认为，国际化就是本土化。本土化可以相对缓解国内企业进入国际市场的三个难题——一是消费者对外来品牌的抵触心理；二是进入国的非关税贸易壁垒；三是我们国际商务人才的极度匮乏。作为中国企业国际化的先行者，海尔“国际化及本土化”的做法是，当地设计、当地制造、当地销售，以及当地融资、当地融智。比如在美国，海尔在洛杉矶建立了设计中心，在南卡州建立了生产工厂，在纽约建立了营销公司，三位一体，以形成本土化的海尔，其雇员也主要是美国人。张瑞敏说，什么时候，美国人不再认为海尔是中国的海尔，而是美国的海尔，海尔在美国就算成功了。

观点之十三—— 现金流比利润更重要

企业以赢利为目的，是尽人皆知的道理。但张瑞敏说：“现金流比利润更重要。”。这是张瑞敏总结了近年来国内一些名声显赫的企业为什么突然死亡的原因后得出的结论。1999 年上海“财富论坛”上张瑞敏提出这个观点，台下有人问跟张瑞敏对话的宝洁公司的老总“您是否同意张先生的观点”。宝洁的老总说：“张先生观点是对的。过去人们看利润，现在人们看现金流之于企业，犹如氧气之于人体一样。”张瑞敏说：“现在的市场竞争，不是说资不抵债才叫破产，你失去了现金支付能力就叫破产！”同时，张瑞敏对有可能收不回钱的“赊销”不以为然，“企业帐面上看有利润，但实际上没有支付能力”。张瑞敏认为，只有让用户喜欢你的产品，像戴尔那样能够满足用户的个性化需求，才能把实物变回货币，形成资金的良性流动。

职业教育只有将企业文化教育融入职业教育中，才能推进职业院校与企业融合，使学生就业就能够融入企业环境，提高学生对工作单位的忠诚度，才能将企业文化素养教育融进职业素质教育中，培养产业所需合格人才。

第四部分　通信产业文化

通信技术的日新月异为我们带来了不少享受。随着数据通信与多媒体业务需求的发展，适应移动数据、移动计算及移动多媒体运作需要的第四代移动通信开始兴起，这种第四代移动通信技术将会给我们带来更加美好的未来。每一个不同的移动通信系统均会有重复性的时间点，大约每十年就有一项技术更新，不过随着通信科技的日新月异，或许转变会更快、时间也会更短。对于移动通信服务业者、系统设备供货商或其他相关产业来说，必须随时注意移动通信技术的变化，以适应市场需求。产业所属的企业核心竞争力主要是企业的核心技术能力和人员的专业素质。高职教育将通信产业文化融入教学中，培养高职学生的专业文化素质。

第十一章　通信产业与我们的工作和生活

自从有了智慧生命，世界便有了通信。通信是发送者通过某种媒体以某种格式来传递信息到收信者以达到某个目的。在古代，人们通过驿站、飞鸽传书、烽火报警、符号、语言、眼神、触碰等方式进行信息传递。到了今天，随着科学水平的飞速发展，通信基本完全利用有线或无线电完成，相继出现了固定电话、无线电话、手提电话、互联网甚至视频电话等各种通信方式。现代通信技术是以现代的声、光、电技术为硬件基础，辅以相应软件来达到信息交流目的。通信技术拉近了人与人之间的距离，提高了通信的效率，深刻地改变了人类的生活方式。

一、世界通信发展史

1975 年 6 月 2 日美国人贝尔和他的助手托马斯·沃森在波士顿研究多工电报机，它们分别在两个屋子联合试验时，沃森看管的一台电报机上的一根弹簧突然被粘在磁铁上。沃森把粘住的弹簧拉开，这时贝尔发现另一个屋子里的电报机上的弹簧开始颤动起来并发出声音。正是这一振动产生的波动电流沿着导线传到另一屋子里。贝尔由此得到启发，他想，假如对铁片讲话，声音就会引起铁片的振动，在铁片后面放有绕着导线的磁铁，铁片振动时，就会在导线中产生大小变化的电流,这样一方的话音就会传到另一方去。这天他们便一起制作了新的电话机。1875 年 6 月 3 日，他们用这个装置进行了发声试验。1876 年 3 月 10 日，贝尔用他发明的装置，第一次发送了完整的话：watson，come here。1877 年在波士顿架设了世界上第一条电话线路。美国的另一位伟大的发明家托马斯 • 爱迪生于 1877 年发明了炭精送话器，电话机的通话质量有了明显提高。

如果仅有电话机，还只能满足两个人之间的通话，而无法与第三个人之间进行通话。将多个用户连接起来进行通话,不仅需要连线非常多而导致造价极高,而且两个用户进行通话时,所连接的其他用户无法进行隔离。要解决这个问题，交换机产生了。第一台交换机于 1878 年安装在美国，当时共有 21 个用户。这种交换机依靠接线员为用户接线。美国的阿尔蒙 • 史瑞乔于 1891 年发明了步进制自动电话交换系统。史瑞乔又于 1896 年发明了旋转式拨号盘，它使用户可以在直接通过拨打电话号码进行呼叫。1897 年马可尼用实验证明了运动中的无线通信的可应用性。最初的移动通信的应用主要集中在军队和政府部门，特点是工作频率较低，工作在短波频段。图 11-1 所示为早期的人工电话交换机。

图 11-1　早期的人工电话交换机

历史上，移动通信的发展与科学技术的发展紧密相连。第二次世界大战期间战争的需求使得通信技术及其制造业有了长足的发展。战争结束后，很快推出了第一种大区制的公众移动电话服务。从 20 世纪 40 年代中期到 60 年代初期，完成了从专用网到公众移动网的过渡，采用人工接续的方式解决了移动电话系统与公用市话网之间的接续问题。但这时的通信网的容量较小。从 60 年代中期到 70 年代后期，主要是改进和完善移动通信系统的性能，包括直接拨号、自动选择无线信道等，同时自动接入公用电话网的问题。但由于相关设备以及无线资源的制约，当时整个移动通信市场的发展速度并不是很快。

后来情况有了可喜的变化。随着大规模集成电路技术和计算机技术的迅猛发展，解决了困扰移动通信的终端小型化和系统设计等关键技术问题，移动通信系统进入了蓬勃发展阶段。

随着用户数量的急剧增加，传统的大区制的移动通信系统很快达到饱和状态，无法满足服务要求。针对这一情况，美国的贝尔实验室提出了小区制的蜂窝式硬碟通信系统的解决方案。在1978年，发明了 AMPS（Advance Mobile Phone Service）系统，这是第一种真正意义上的具有随时随地通信的大容量的蜂窝移动通信系统。他结合频率复用技术，可以在整个服务覆盖区域内实现自动接入公用电话网，与以前系统相比具有更大的容量和更好的话音质量，蜂窝化的系统设计方案解决了公用移动通信系统的大容量要求和频谱资源受限的矛盾。这就是第一代蜂窝移动通信系统，是双工的 FDMA 模拟通信系统。尽管模拟蜂窝系统取得了巨大的成功，但是在实际使用过程中业暴露出一些问题：频谱效率较低，有限的频谱资源和无限的用户容量的矛盾十分突出；业务种类比较单一，只有话音业务；模拟系统存在同频干扰和互调干扰；模拟系统保密性较差。最主要的因素是容量和日益增长的市场之间的矛盾。模拟系统的发展存在着压力。

近年来随着超大规模集成电路技术、低速话音编码等技术的发展，数字技术得到广泛的应用。1992 年以 TDMA 为基础的数字蜂窝移动通信系统（GSM、DAMPS 等）相继投入使用。TDMA 数字蜂窝移动通信系统较 FDMA 蜂窝系统有许多优势：频谱效率高、系统容量大、保密性能好、话音质量好等。在这之前美国人在移动通信领域的研究都是走在世界前列，其中的 MOTORALA、AT&T 更是当时的移动通信界的巨人；1991 年 7 月由欧洲发明的多址接入方式为 TDMA 的 GSM 数字蜂窝系统开始投入商用，由于拥有更大的容量和良好的服务质量，很快 GSM 网就遍布欧洲；欧洲的爱立信、诺基亚等凭借 GSM 的优异表现成为新的移动通信界的巨人与美国的摩托罗拉并驾齐驱。

目前世界移动通信界的格局表现为欧洲和北美两强对峙，他们掌握着大部分的关键技术的知识产权和市场份额。第二代数字蜂窝移动通信系统只能提供话音和低速数据业务的服务。为了满足更多高速率的业务以及更高频谱效率的要求以及目前存在的各大网络之间的不兼容性，一个世界性的标准——未来公用陆地移动电话通信系统应运而生，1995 年又更名为国际移动通信 2000（IMT-2000），IMT-2000 支持的网络被称为第三代移动通信系统，简称 3G，他将支持速率高达 2Mbit/s 的业务。欧洲提出了 WCDMA，北美提出了 CDMA20000 标准，中国提出了 TD-SCDMA 标准。

目前世界移动通信界的格局表现为欧洲和北美两强对峙，他们掌握着大部分的关键技术的知识产权和市场份额。欧洲提出了 WCDMA，北美提出了 CDMA20000 标准，中国提出了 TD-SCDMA 标准。

二、中国通信发展史

中国移动通信业的发展始于20世纪80年代。1987年11月，中国首个TACS制式模拟移动电话系统建成，并在广州投入商用，爱立信为供应商，在网用户150人，网络总投资为3730万元，其中引进设备900万美元。这就是我国的第一代移动电话，随着移动通信业的发展，引入竞争、促进发展也成为放在电信改革面前刻不容缓的问题。表11-1列出了中国近年通信发展史时间表。

表11-1　中国近年通信发展史时间表

时间	发展内容
1993年12月	国务院下发（1993）178号文件，同意组建中国联通公司。从此，电信业进入了引进竞争、打破垄断的全新阶段
1994年7月19日	中国第二家经营电信基本业务和增值业务的全国性国有大型电信企业——中国联合通信有限（简称中国联通）成立
1994年12月底	广东首先开通了GSM数字移动电话网
1995年4月	中国移动在全国15个省市也相继建网，GSM数字移动电话网正式开通
1995年7月	中国联通GSM130数字移动电话网在北京、天津、上海、广州建成开放
1996年	移动电话实现全国漫游，并开始提供国际漫游服务
1997年10月22日、23日	广东移动通信和浙江移动通信资产分别注入中国电信（香港）有限公司（后更名为中国移动（香港）有限公司），分别在纽约和香港挂牌上市
1997年底	北京、上海、西安、广州4个CDMA商用实验网先后建成开通，并实现了网间的漫游
1999年4月底	根据国务院批复的《中国电信重组方案》，移动通信分营工作启动
1999年7月22日0时	“全球通”移动电话号码升11位
2000年2月16日	中国联通以运营商的身份与美国高通公司签署了CDMA知识产权框架协议，为中国联通CDMA的建设打清了道路
2000年4月20日	中国移动通信集团公司正式成立。它是在分离原中国电信移动通信网络和业务的基础上新组建的国有重要骨干企业
2000年5月16日	中国移动通信集团公司揭牌
2000年6月21、22日	中国联通分别在香港、纽约成功上市，进入国际资本市场运营，并于一年之内成为香港恒升指数股
2000年10月	中国联通宣布启动CDMA网络建设，并且于该年年底正式开始了筹备工作
2001年1月	原部队所有133CDMA网在经过资产清算后，正式移交中国联通
2001年2月	联通公司成立了全资子公司——联通新时空移动通信有限公司，负责整个联通CDMA网络的建设和经营。与此同时，联通CDMA网络建设的具体筹划工作正式展开
2001年3月28日	联通CDMA建设一期工程系统设备的采购开始发标
2001年7月9日	中国移动通信GPRS（2.5G）系统投入试商用
2001年10月13日	中国联通上海分公司率先在浦江两岸的中心城区，构筑了cdma-1X高速移动通信试验网，并在召开的技术推介会上展示了初步的应用

续表

时间	发展内容
2001 年 11 月 14 日	中国联通公司与中国移动通信集团公司签订了《中国移动通信集团公司与中国联合通 信有限公司电信网间互联及结算协议》
2001 年 11 月 26 日	中国移动通信集团公司的第一亿客户代表在北京产生，标志着中国移动通信已成为全球客户规模最大的移动通信运营商
2001 年 12 月 22 日	联通新时空 CDMA 网络建成
2001 年 12 月 31 日	中国移动通信关闭 TACS 模拟移动电话网，停止经营模拟移动电话业务
2002 年 1 月 8 日	“中国联通 CDMA 网开通仪式”在北京人民大会堂举行
2002 年 1 月 8 日	中国网通集团北京通信控股的北京正通网络通信有限公司宣告成立，成为继中国移动、电信、网通、联通、铁通和卫通 6 大运营商外，国内第 7 家获信息产业部发牌的基础电信业务运营商
2002 年 3 月 5 日	中国移动通信与韩国 KTF 公司在京正式签署了 GSM-CDMA 自动漫游双边协议。中国移动通信率先实现了 GSM-CDMA 两种制式之间的自动漫游
2002 年 3 月 7 日	中国联通 A 股上市计划顺利获得国务院审批，旨在为 CDMA 项目筹集资金
2002 年 4 月 8 日	联通新时空 CDMA 网络正式运行
2002 年 5 月 15 日	中国电信集团公司与中国网络通信集团公司重组，中国电信、中国网通正式挂牌。新组建的中国电信集团公司是由原中国电信南方 21 省区市的电信公司组成；新组建的中国网通集团公司是由原中国电信北方 10 省区市电信公司和原中国网通公司、中国吉通公司组成
2002 年 5 月	中国移动、中国联通实现短信互通互发
2002 年 5 月 17 日	中国移动通信 GPRS 业务正式投入商用
2002 年 10 月 1 日	中国移动通信彩信（MMS）业务正式商用

目前我们国家的信息化发展进程取得了很大的进步。这也极大地推动了通信工程专业的发展，现如今，在军事领域，科技领域，通信行业都展现出了他的强大发展势头。

三、通信发展史概述

从最开始的语言逐渐发展到现在的网络，到了今天，几乎可以从所有的行业中看到通信的影子，人们的日常生活更是与通信形影不离。没有汽车不要紧，可以骑自行车；没有名牌衣服不要紧，有朴素的工作服，有低价的无牌货。但是如果生活中没有了通信，那可就不再无关紧要了。没有了通信，你会感觉到被这个世界排除在外了。我们无时无刻离不开通信，通信的发展改变了我们的生活方式，提高了社会生产力，加速了社会的发展和进步。通信行业是目前全球发展最快的行业之一，以我国为例，20 世纪 80 年代初家庭电话安装率不到 1%，87 年国内还没有手机出现，90 年代初还不知道电子邮件，90 年代中期网页浏览还是奢谈，2000 年又有多少人网上聊天？现在：家庭电话已经普及，几乎是人手一部手机甚至多部手机，电子邮件满天飞，网上聊天成为普通人的日常休闲，通过网络浏览了解天下大事和趣闻乐事已成常态。

表 11-2　通信发展史具体表象

形体时代	通过身体、眼神、手势及山石树木等自然媒体相结合传递信息
口语时代	直立行走使得人类对信息传递方式的需求提高，从而产生了语言
文字书写时代	随着生产力的发展人类对信息记录有了需求，文字随之产生
印刷时代	1044 年，毕升发明活字版印刷术
	1450 年，约翰古腾堡发明金属活字印刷术
	1837 年，美国人摩斯发明电报机
	1857 年，横跨美国海底电报电缆完成
	1875 年，贝尔发明史上第一支电话
	1895 年，俄国人波波夫和意大利人马可尼同时成功研制了无线电接收机
	1895 年，法国的卢米埃兄弟，在巴黎首映第一部电影
	1912 年，泰坦尼克号沉船事件中，无线电救了 700 多条人命
	1920 年代，收音机问世
	1920 年代，英国人贝尔德成功进行了电视画面的传送，被誉为电视发明人
	1939 年代，二次大战爆发，电视事业中断，战火突显广播发送成本低、接收容易的特性，听众再次增加
	1962 年，美国发射第一颗人造卫星，打开电视卫星传送的时代
网络传播时代	1955 年，美国为了大战的需要，发布了第一部军用电子计算机
	1969 年，美军创建阿帕网（ARPANET），目的是预防遭受攻击时，通信中断
	1983 年，美国国防部将阿帕网分为军网和民网，渐渐扩大为今天的互联网
	1993 年，美国宣布兴建信息高速通路计划，集成电脑、电话、电视媒体

表 11-2 列出了通信发展史具体表象，纵观人类通信史，其革命性变化是从把电作为信息载体后发生的。电子通信技术的不断发展和应用，使人类的活动突破了对传统交通、通信手段的依赖，拓展了发展空间和交往空间。从最初的有线电报和电话到无线电报电话，无线通信技术广泛用于工作、生活、军事，是人类通信发展的一次革命性进步。随后 20 世纪 80 年代诞生的移动通信系统也同样给世界电信发展带来了革命性变化。大哥大、BP 机、手机、掌上电脑等各种移动通信终端的普及，使信息传递沟通能随时随地进行，速度更快，效率更高。20 世纪末，多媒体的广泛推广、互联网的应用极大地推动了通信的发展，21 世纪初期，宽带技术、光通信也已开始普及。工业和信息化部公布的数据显示，截止 2011 年 6 月份，全国电话用户总数增至 12.1 亿户。全国固定电话用户数降至 2.9 亿户，移动电话用户数增至 9.2 亿户。固定电话用户方面：2011 年上半年，全国固定电话用户减少 424.2 万户，降至 2.9 亿户。固定电话用户中，无线市话用户减少 579.1 万户，降至 2284.1 万户，其在固定电话用户中所占的比重由 2010 年底的 9.7%下降到 7.9%。移动电话用户方面：2011 年上半年，全国移动电话用户累计净增 6153.7 万户，达到 9.2 亿户。移动电

话用户中，3G 用户净增 3345.9 万户，达到 8051.0 万户。互联网用户方面：2011 年上半年，基础电信企业互联网宽带接入用户净增 1548 万户，达到 1.4 亿万户，互联网拨号用户减少 15.4 万户，降至 574.8 万户。

2011 年 7 月 19 日，中国互联网络信息中心（CNNIC）在京发布了《第 28 次中国互联网络发展状况统计报告》（以下简称《报告》）。《报告》显示，截至 2011 年 6 月底，中国网民规模达到 4.85 亿，较 2010 年底增加 2770 万人，增幅仅为 6.1%，网民规模增长减缓；最引人注目的是，在大部分娱乐类应用使用率有所下滑，商务类应用呈平缓上升的同时，微博用户数量以高达 208.9%的增幅， 2010 从年底的 6311 万爆发增长到 1.95 亿，成为用户增长最快的互联网应用模式。互联网普及率攀升至 36.2%，2010 年提高 1.9 个百分点。我国手机网民规模为 3.18 亿，2010 较年底增加了 1494 万人。手机网民在总体网民中的比例达 65.5%，成为中国网民的重要组成部分。庞大的用户数量，将进一步促进我国移动通信行业的快速发展。

更多的技术应用既催生了许多新的经营模式，也创造了很高的经济效益。伴随着通信业的爆炸式发展，通信产业在人类社会经济体系中扮演着越来越重要的角色。通讯业一般是指从事通讯技术的研究、开发与利用，通讯设备与器件的制造以及为经济发展和公共社会的需求提供信息服务的综合性生产活动和基础结构。

加快通信业发展，能显著提高国家经济信息化程度，对于实现国家经济的长期发展有重要意义。通讯业发展对国家经济增长的影响表现为：通讯业作为为全社会提供通讯技术、设备及信息的产业，它本身就是国民经济的组成部分，特别是在信息社会中构成国民经济最重要的部分，它的生产和经营活动直接创造 GNP，为社会增加财富。通信业的拉动作用非常明显，通信业每增加 1 亿元投资，10 年内国民收入将增加 13.8 亿元。通信业之所以增值效应这么大，因为这个产业的产业链非常长，而且它的扩散效应波及效应也非常明显。此外，发展通信业是提高劳动者劳动效率的关键。通信技术的发展，会提高劳动者的技术素质与业务水平，增加人力资源的信息含量，提高劳动力的素质水平和利用效率。

通信技术的发展，会提高劳动者的技术素质与业务水平，增加人力资源的信息含量，提高劳动力的素质水平和利用效率。

第十二章　通信产业的运转与流通

一、通信行业的产业链和企业分类

1. 通信行业的产业链

早期的通信行业产业链主要包括电信营运商、用户和通信设备制造商，其中营运商提供网络资源和业务服务，并可获得全部业务收入。随着电信技术的进步和用户需求的变化，通信产业链向纵向不断延伸，加入一些新的市场主体和价值创造者；横向不断细化分工并扩大协作伙伴。通信产业链包括如下环节：电信营运商、网络设备提供商、终端提供商、系统集成服务商、内容/服务提供商（SP/CP）、芯片厂商、测试厂商、终端软件提供商、管制机构与最终用户等，电信营运商是产业链的组织者，只有加强与产业链各环节的合作，才能将市场做大，实现共赢。

以移动通信为例，其细分产业链包括如下环节：设备制造，包括交换与传输设备、手机方案设计、显示屏的生产、系统软件、应用软件、电池研究与制造、手机制造等，建筑安装（设计施工），移动通信运营，包括技术标准研究与制定、软件工程、系统集成、分销及虚拟营运商等，互联网内容供应（网站设备、广告制作），电子商务（各种产业、物流配送）和电子政务等。截止 2010 年全球近七成手机产自中国。通信产业链图示如下。

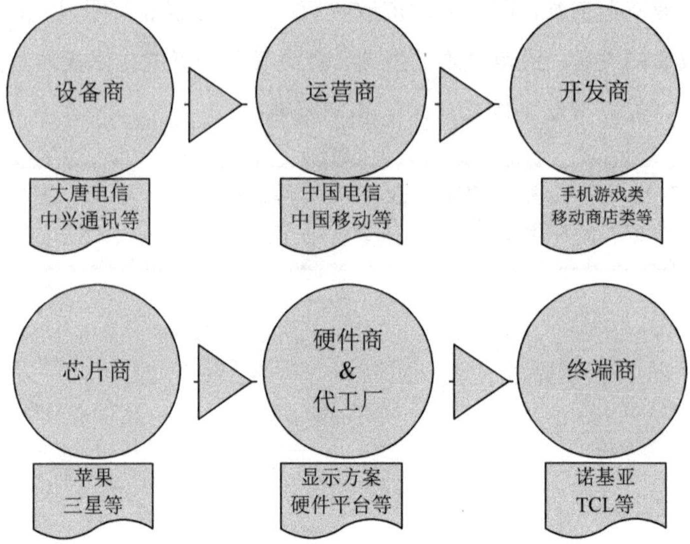

通信产业链

当前通信行业和IT行业融合得很快，也就是ICT融合，通信、IT行业边界慢慢模糊，很多软件服务提供商在给终端用户提供服务，运营商也不仅仅提供传统通信服务。这就像现在的智能手机，除了打电话，还有很多其他功能，如上网、社交、炒股、游戏等。

2. 通信行业企业类型

根据企业提供的有关通信产品和服务类型不同，通信行业企业类型有：

制造类企业：通讯设备与器件制造类企业。

研发类企业：通信软件及通信技术开发企业。

服务性企业：为社会需求提供通信服务的企业，如电信业、移动通信、邮电业等。

通信十多年的大发展，电话、手机、短消息、传真、网上邮件、网页浏览、网上聊天等业务已深入我们的生活。围绕业务实现，网络运营公司、设备研发生产公司、设备安装公司、业务开发公司、网络管理机构、网络及设备维护公司等构成一个相互依存的产业链，通信行业由此诞生。

二、通信产业发展态势

我们一般理解各国通信产业的发达程度，重点在于“产业”而非单纯的“研究”。这里说的产业是指在研究、制造、销售、运营等方面均有成熟产业链的国家和地区。世界上通信产业发达国家可分为4大板块：美国、日本、欧洲和中国。中国是后起之秀，经过多年的发展，已从追随者变身领跑者。目前，由我国自主创新的3G技术——TD-SCDMA（时分－同步码分多址存取）已真正与由欧美主导的WCDMA和CDMA2000两大3G标准同台竞技，TD-SCDMA网络实现了中国通信标准从标准化到市场化的成功跨越，用3年半的时间走了欧美运营商12年所走的路。由其演进的TD-LTE是我国自主创新的4G技术，经过4年的产业化、国际化推动已经成为全球移动宽带时代主流的TDD技术，与欧洲主导的FDD-LTE技术一起被国际电信联盟确立为两大国际4G标准，它的出现标志着中国通信业进入领跑世界的时代。

随着电信行业的重组，我国基本上在政策上确定了通信网络的发展方向。从国内电信运营商的设备来看，其主要供应商（核心网、无线网、传输网和配套设备提供商等）是爱立信、西门子、华为、中兴等。爱立信不仅是中国通信设备的最大供应商，而且是世界最大的供应商。作为国内民营企业的华为近年在通信市场上异军突起，坐上了通信行业的第三把交椅，除了技术专利上的投入外，其个性化的定制方案和高效的客户服务体系是其成功的关键因素之一。

1. 通信行业的发展现状

（1）网络普及化。越来越多人、越来越多地方使用网络，越来越多事情可以通过网络解决。

（2）无线3G/4G。3G/4G是通信行业发展趋势，以3G/4G/WLAN相融合的无线接入方式和无线接入环境可为用户提供便利，并持续向更宽带发展。

（3）通信光纤化。光纤将取代铜缆，不但降低价格，还可提高速率。

（4）三网融合在以广电为主导的基础上取得突破性成就。三家电信运营商在三网融合问题上的发言权减小，广电主导，视频产业进一步集中于广电系列的企业，CCTV 和歌华有线等企业获得新的发展机会。

（5）统一通信得到广泛应用。个人、企业普遍接受统一通信的理念并实施于工作生活之中。

（6）电子支付和电子商务迎来新的发展期。电子商务进一步规范，电子支付在手机支付、网络支付技术的普及下迎来新的发展阶段，电子货币成为泛在形态。

（7）有线宽带进一步扩充。全国出现 20M 甚至 100M 的广泛接入试点城市。

（8）Wlan 网络覆盖全国。通信行业发展趋势成为普遍服务的一部分，并得到国家政策扶持，成为国家信息化战略的重要组成部分。

2. 通信产业的发展趋势

总体来讲，通信产业表现出了两个显而易见的发展趋势：

（1）融合和分化的趋势。四方面的融合：电信计算机电视文化等行业融合，电信互联网广电网三网融合，固定网络移动网络趋于（固移）融合，网络融合促进业务融合，业务融合又促进终端融合。最终促成运营主体融合，走向全业务运营。三个方面的分化：网络业务分化；业务和市场趋于细分；设备系统供应分工分化。

（2）全球化。全球化的标志性事件是发生在 1996－1998 年的三大事件：美国修改电信法，允许长途、本地、有线电视等企业之间竞争；1997 年世界贸易组织 WTO 达成基础电信协议，提出开放电信市场的时间表；1998 年欧盟开放基本电信业务和电信基础设施市场。之后，全球普遍实行政企分开、竞争开放、民营化；国际通信业务量持续增长；电信企业进入他国市场；企业开始国际合作。

通信行业的未来：通信行业进入平稳发展阶段；社会需求引导了通信行业的发展方向；新技术的出现和应用刺激通信行业的发展；3G 技术应用、移动牌照发放、运营商的拆分和合并。

【拓展阅读】

最善变的市场——中国通信业 10 年纪事

来源：2012 年 9 月《中国经济周刊》

也许，如今排队买 iPhone4S 的人，早已不记得当年叱咤风云的国产手机老大波导了。也许，在扎堆儿生产千元智能机的国产手机大佬的心目中，联发科的 MTK 系统再也引不起他们的半点儿兴趣。也许，如今的 90 后甚至从未听说过小灵通和 BP 机。

这些曾经承载了中国通信产业 10 年发展的标志性技术或产品，早已被尘封在历史深处。唯一不变的，只有瞬息万变的市场和日益激烈的竞争。

2002—2004 年：手机的黄金时代

2001 年，中国铁通的闯入打破了固话市场上中国电信一家独大的垄断局面，低廉的初装费为其赢得了大量客户，不甘示弱的中国电信则干脆取消了初装费。于是，固定电话开始走入千家万户。一年内，中国固话用户的数量就从 1.75 亿增加到了 2.14 亿。

那时候，有手机的人也慢慢多了起来，但却不习惯用手机打电话。因为和一分钟六毛钱的手机话费比起来，固话显然便宜得多。人们常常是接到手机来电时马上挂断，然后用固话打回去。这个时期的手机更像寻呼机。于是，寻呼机开始慢慢被取代。

2001 年 8 月，中国的移动通信用户数量达 1.2 亿多，超过美国跃居世界第一。此时，中国的 GSM 网络和 CDMA 网络均已完善。对于这个年代的 IT 大佬来说，最赚钱的生意，就是做手机！

2001 年，刚刚经历过 VCD 市场崩盘打击的夏新电子，等来了自己的机会。一个韩国的手机设计厂商，拿着一款尚未完成的半成品来到中国，他们接连和三个国产手机品牌的厂商接触，都没有达成合作，只有夏新，在这个半成品身上，看见了希望。时任夏新电子总裁的李晓忠看过设计后，毅然决定投资生产。

谁也没有想到，这款曾经被三家国产手机厂商抛弃的设计，竟然成了一个令人艳羡的“商业神话”。2001 年 12 月，夏新 A8 推出，尽管 3000 元以上的售价比一些洋品牌还要贵，但并没有吓跑疯狂的买家们。

2001 年，夏新电子的销售收入为 10 亿元；2002 年，销售收入 45 亿元，利润 6 亿元。其中，手机业务的贡献达 80%。

彼时，另一场造星运动正在一群满怀抱负的年轻人手中开展。2002 年，凭借在国内三四线城市网络普遍不好的情况下依然高质量的通话，波导手机赢得了市场。2003 年，信息产业部数据显示，上半年波导手机销售 337 万台，超过摩托罗拉、诺基亚，位居国内市场的第一位。

2003 年，是国产手机的黄金时代，市场占有率达到了 55.7%，首次超过了国外品牌。波导、TCL、康佳三家企业进入了全行业产销前十名，国内市场占有率为 31.6%。波导手机产量达到了 1175 万台，销量超过了所有外资手机品牌，成为全行业第一。人们记住了一句口号：“波导手机，手机中的战斗机！”

2003 年，移动电话的用户数第一次超过了固定电话，前者为 2.69 亿人，后者为 2.55 亿人。

为了挽回市场，作为固话在移动领域的延伸产品，小灵通开始发力。2003 年 3 月，小灵通在北京怀柔地区放号，正式冲破了之前的“禁止在京、津、沪、穗发展小灵通业务”的政策限制。同年 9 月，UT 斯达康宣布，中国 UT 斯达康小灵通用户人数突破 1500 万大关。

而在刚刚发展起来的国产手机市场，一匹害群之马正在悄悄靠近。

2005—2007 年：兴风作浪的山寨机

2004 年，台湾联发科技股份有限公司的董事长兼 CEO 蔡明介，带着他的“交钥匙”（TurnKey）解决方案（即日后闻名业界的 MTK 系统，一份完整的手机产品解决方案），正式进入大陆市场。

这是一套成功地将当时所有的手机流行功能，如摄像头、MP3、手机电视、触摸屏等全部集成到了一个芯片上的系统。任何想做手机的企业，采购了这套方案后，只需加上一个简单的手机外壳，便可以将手机成品生产出来。

MTK 系统出现之前，大陆企业想进入手机行业，必须跨过两个门槛：两亿元的资金门槛和较高的技术门槛。MTK 系统出现之后，手机产业变成了劳动密集型产业。

多年以后，蔡明介因为这套系统，有了一个让人爱恨交织的外号“山寨机之父”。

张驰（化名）在深圳华强北做了十年山寨机生意。他告诉《中国经济周刊》：“当时在深圳郊区，几乎一夜之间出现了数以万计的手机作坊，周边产业也很红火，一通电话就可以叫来提供模具、印刷电路板以及各种服务的厂商上门服务。联发科的业务员非常尽职尽责，只要你买了他们的方案，他们甚至可以帮你培训研发工程师，并且免费对芯片进行更新换代。当时在深圳，做‘山寨机’的厂家不止一万家，上规模的有三四千家，十个人里面，至少五个是做手机的，另外五个是做相关周边产业的。”

山寨机的出现，让手机开始走入低收入人群的生活。凭借着其对市场惊人的反应速度和仿真能力，山寨机一时间让众多国内外手机品牌惶恐不安。据说，当时一个新产品发布不出三天，就会有一模一样的山寨机上市，而且价格只有几百块。

不到一年，山寨机就把“手机江湖”搅得鸡犬不宁。

2005 年，山寨机占领了国内手机销量的 10%。在其影响下，国产手机品牌不同程度地开始亏损：夏新手机亏损 1.35 亿元、TCL 亏损 4.6 亿港元、波导亏损 2.8 亿元、海尔亏损 1.39 亿元。

同年 2 月，尘封 6 年之久的手机生产牌照，终于发出新牌照。华为、金立、步步高等企业也以中低端产品切入市场，进一步加剧了低端市场的竞争。

国内手机在低端市场的价格战，给高高在上的洋品牌提了个醒。2005 年开始，摩托罗拉和诺基亚开始推出了一系列的低端廉价机型。

市场上，手机价格开始急速跳水，从几千块变成了一千多块，甚至几百块。手机，开始成了生活必需品。

对于固定电话来说，这无疑是个噩耗。工信部数据显示，2006 年，移动电话市场占有率为 56.2%，固话市场占有率为 43.8%，而且，43.8%中，一半是出于上网的需求而装了固话，另外一半则来自固话的衍生市场小灵通。固话的市场地位开始变得很尴尬。

2007 年 3 月 22 日，通信产业另一个退居二线多年的角色正在悄悄谢幕。中国联通 30 省份无线寻呼业务正式关闭，曾经风光 20 多载的无线寻呼业务就此画上了句号。

如果把通信产业的十年发展比作一出戏，那么，这一时期就是出场人物最多、情节最混乱的一幕。但许多人并未想到，在舞台远端的一个角落，一场更大的风暴即将袭来——2007 年 1 月，乔布斯携 iPhone 正式登场。

2008 年至今：Pad 的 N 种版本

2007 年 1 月 10 日，乔布斯在美国加州三藩市发布了 iPhone I，将世界装进了口袋里。第一次使用多点触摸，第一次使用惯性滚轮，操作手感流畅无比，搭载了新一代的 iOS 手机操作系统，人们从此进入了移动互联网时代。

当然，当时业界只是把 iPhone I 归为“偏时尚”的一款产品，并没有给予重视。

2008 年初上线的 AppStore，让还没有回过神儿来的手机制造商们震惊。乔布斯用环环相扣的运营模式和无可挑剔的技术力量，将整个通信产业牢牢地握在手心里。刚刚回过神的手机大佬们，已经被苹果远远地抛下。

和“高高在上”的苹果不同，另一智能手机操作系统——安卓的所有者谷歌态度谦和，对于愿意加盟自己的手机品牌，照单全收。安卓的第一个盟友来自中国，就是 HTC。

2008 年 9 月，HTCG1（由美国运营商 T-MobileUSA 定制，HTC 代工生产）在纽约正式发布。站在谷歌肩膀之上的 HTC，开始了全力加速，迅速崛起。不到一个月的时间，出货量就达到了 100 万台。

HTC 的成功，似乎让还在泥淖中挣扎的国产手机品牌看到了生的希望。在他们眼里，安卓是除了联发科之外的另外一块儿走向成功的舢板。

2010 中国国际信息通信展览会，俨然是搭载了安卓系统的各种终端的盛会。同质化竞争很快转化成了价格战。千元智能机市场，从一片蓝海迅速变成了一片红海，火爆程度，颇有当年山寨机市场百花齐放的气势。

然而，在金立公司执行副总裁张高贤看来，这一片火热并不是个好现象，他告诉《中国经济周刊》：“像 OPPO、步步高等国产手机，在功能机时代可以通过简单的营销策略获得短暂的成功。然而到了智能机时代，他们缺乏技术储备的短板就暴露了出来，最终也只能靠依附安卓生存。中国的国产手机品牌如果想获得长久的成功，必须拥有自己的一技之长。然而，中国的手机厂商恰恰缺少的就是这些，因此才会造成长期以来，一家企业红不过两年，就算是红也是靠单款产品红一时，就像撞大运一样。”

雷军和小米的出现，给这个过热的市场，再添一把猛火。

2011 年 8 月 16 日，798 艺术中心北京会所的舞台中央，雷军身着黑色 T 恤和深蓝色牛仔裤，身份是小米科技 CEO，他带着“一款顶级智能手机”，对台下 800 多名听众讲述着这部手机的诞生史，现场很多人席地而坐，更加引人关注的，是小米限量版工程机的预售队伍，足足排了一百多米。

这场发布会，有人觉得和乔布斯在一系列发布会上的表演惊人的相似，而雷军的装束也和乔布斯惊人的相似，现场有人不禁喊出了声音：“雷布斯！”

“雷布斯”的称呼，让小米和雷军一夜之间迅速蹿红，也让雷军成为众矢之的。很多人说：小米给人的感觉更像是一家炒作型的公司。

小米手机一代在 2011 年 9 月开放网上预订，半天内售超 30 万台；2011 年 12 月进行第一次开放购买，30 分钟内 10 万台售罄；在 2011 年 12 月进行联通合约机的发布，采购数量达到百万台级别。

这是一个崭新的时代，来得太急，变得太快，不改变，就得等死。国际市场的格局瞬息万变，曾经强大的诺基亚帝国衰败了，黑莓也迷失了方向，连摩托罗拉也不得不委身下嫁给一个后来居上的小弟弟。反观中国的通信产业，仍然在技术薄弱的市场环境下，扎堆押宝，各色 Pad，各种手机，一水儿的安卓系统。

中国国产手机市场，正期待着一个如乔布斯般的救世主。

超过 60 亿人使用移动电话与世界各地相连，这也使移动通信产业成为历史上最大的技术和信息平台。特别是在过去 10 年中，移动通信增长迅速，使得几乎每个国家无论社会经济地位、教育程度和性别的人，都能随时随地享受负担得起的服务。

人们对移动电话的偏好远远高于固定电话，因为智能设备为人们提供了丰富的内容，更多的用户可以用移动电话访问互联网。移动通信行业一直是并将继续保持令人难以置信的活力和竞争力。

我们进行的一项覆盖全球的个人对移动技术态度的调查结果显示：63%的中国受访者强烈同意：移动通信设备是他们工作的关键。

在卫生保健部门，移动通信技术为偏远地区的医疗工作者提供了高质量和最新的医疗信息，并使患者也能积极参与到自己的健康状况管理中来。一个具体的例子是通过高通无线提供的服务，在中国卫生资源稀缺的社区卫生诊所，比如山东、安徽和四川省以及重庆市部署了一些 3G 心血管检测设备。这些设备使得生活在偏远地区的人们也可以使用第三代手机内置的心电图传感器与远在北京的 24 小时心脏专科呼叫中心相连。

第十三章　通信产业文化特色

一、通信技术企业特色文化

1. 通信企业的特征

（1）通信企业的普遍特征。

通信企业作为一种高新技术企业，具有高新技术企业“高投入、高智力、高风险”普遍特征。通信文化产业的研制与开发往往属于跨学科、跨行业的系统工程，与传统产业相比，无论是硬件设备的制造，还是软件的生产与开发，均需要大量的资金投入。在产业发展初期，技术开发、基础建设、设施装备、人员培训等都是漫长而耗费资金的过程，需要投入大量的人、财、物。当产业发展起来以后，为了保持竞争优势，仍然需要不断地追加大量的投资用于产品和技术创新、市场推广、渠道建设等方面，稍有懈怠，就可能被竞争对手超越，前期的投入就可能前功尽弃。

20 世纪 90 年代以来，随着全球通信文化产业竞争加剧，企业研发投资规模进一步扩大，研究开发投资占销售额比重明显提高。一般的信息技术企业研究开发投资占销售额比重都在 5%以上，处于发展前沿的企业比重甚至高达 15%～20%。2000 年美国网络设备制造商思科公司（Cisco）研发投资达 27 亿美元，2001 年美国微电子器件制造商英特尔公司研发投资更是超过 40 亿美元。通信产品大部分都具有显著的规模经济效益，达不到一定的生产规模，产品就很难在市场竞争中立足。通信产业进入门槛越来越高，没有巨额的资金投入，很难形成真正有竞争力的产品。

（2）通信企业相异于其他高新技术企业的几个特征。

第一，生产网络性。网络是通信产业生产运作的物质基础，一是由电子通信网络、邮政实物传递网、综合计算机网等构成的物理网络；二是表现为全程全网、联合作业。如电话网、公共交通、铁路和高速公路、航空、邮政服务、包裹传递系统等；三是具备网络产业的共同特点，网络的互补性、技术的兼容性及标准的统一性。

第二，产品服务型。通信企业的产出包括物质产品和服务产品。服务所能提供的是无形的行为和效果。通信产品的服务性主要表现为以下几方面，利用通信网络设施提供信息传递服务的通信服务；提供接入通信设施的接入服务、提供信息内容的信息服务以及其他的技术服务等。

第三，网络外部性。网络的外部性是指在特定消费行为方面的“互存性”，当消费者加入某一网络时，所获得的效用依赖于同一网络中使用同样产品或服务的人数。也就是随着使用相同产品或兼容产品的用户数量的增加，产品对用户的价值越来越大。通信网络对于用户的价值取决于该网络用户的数量，用户数量越多引起的网络的价值就越大。

第四，规模经济性。指其经济特征显示，在一定的市场范围内，生产规模的扩大能够引起企业单位成本的减少，所以其收益是随着生产规模的扩大而递增。规模经济性可以由投入与产出之间的大小来衡量。例如：投入增加 100，产出增加 200，可称为规模经济性；反之，投入增加 200，产出增加 100，称为规模不经济。即小投入大产出，具有规模经济性。由于通信企业存在规模经济性，企业数量一般相对较少，如果企业数量多，会导致重复建设，不能达到规模经济效益，相对的单位产品平均成本会增高。

第五，范围经济性。范围经济指的是当企业联合生产多种产品时，扩大所生产产品的种类范围，使总生产成本下降的经济现象。意指当一个企业从只生产一种产品与生产多种产品对比，由于扩大所生产产品的种类范围，使得总生产成本下降的经济现象。也就是说，总成本低于多个企业分别生产各种产品。也就是规模经济研究企业只生产一种产品的情况。范围经济性研究的是企业生产多种产品的情况。范围经济性特征对于电信网络的涵义，主要体现在利用同一个网络，传送通信、数据等多种业务，成本低于独立建网单独提供各种业务。

2. 通信产业的文化特征

通信产业本质是以收集信息、生产和经营信息产品为职能的产业，产业群体必须集知识、技术、智力于一体，代表了当今社会最为先进的生产技术和生产力之一。

（1）通信产业是高效益经济和高就业经济。

通信产业服务于社会经济的各个领域，向社会各领域和各种产业提供多种信息设备、信息技术和信息服务，在多方面起到直接或间接提高经济效益的作用。特别是促使数以万计的产业作业过程和管理过程实现信息化、自动化、高效率化，一方面节省了一国或一个地区的资源、能源，另一方面又节省了大量人力、物力、财力。

通信产业的迅速发展，需要大量劳动力投入，如硬件劳动者、软件劳动者、视频制作者、内容创意者等，创造出大量的就业岗位。日、美自 20 世纪 50 年代以来一般劳务性服务业的就业人数一直徘徊不前，真正迅速增长的就业人数是提供智力性服务的通信产业。20 世纪 60 年代美国新增加的近 2000 万就业人员中，有 90%左右都集中在信息服务业。1960 年日本信息产业的就业人数占总就业人数的 40%左右，1990 年达到 58.4%，据测算，在未来 10 年内，信息从业人员将占世界全部就业人数的 70%左右。这表明通信产业的发展为提供就业机会开辟了一条重要途径。

（2）通信产业遵循新的经济增长规律。

通信产业属于新经济范畴，遵循新经济增长规律。“新经济”是指在经济全球化和信息技术革命的带动下，以生命科学技术、新能源技术、新材料技术、空间技术、海洋技术、环境技术和管理技术等七大高科技产业为龙头的经济，且具有低失业、低通货膨胀、低财政赤字、高增长的特点。创新是“新经济”的核心，包括观念的创新、运行模式的创新和新技术的创新等。新经济从出现至今，大致经历了“个人电脑（PC）”“因特网（IT）”“电子商务（E-commerce）”三个发展阶段。传统的经济学理论认为，在市场经济条件下，通货膨胀率与失业率是一对此长彼消的宏观经济指标。要降低失业率，就要努力扩大投资和提高经济的增长速度；而提高经济增长速度，就可能引起通货膨胀率的上升。相反，要降低通货膨胀率，就要抑制“过热”的投资增长，就要把速度降下来；而经济增长速度的下降必然会造成失业率的上升。人们认为，政府及其经济政策在经济运行过程中所能够做的，就是在这两者之间寻求一个为社会所能接受的平衡点。

多年来，描述通胀率与失业率之间这种相反运动关系的“菲利浦斯曲线”一直为宏观经济理论奉为经典。但从 20 世纪 90 年代初、中期开始，美国经济在前所未有的持续高增长与繁荣背景下一直呈现出一种低通货膨胀率与低失业率并存的局面。1997、1998 和 1999 年，美国国内生产总值增长率分别为 4.5%、4.3%和 4.2%；1999 年，美国的失业率只有 4.1%，为 30 年来的历史最低点。国际货币基金组织 4 月份预测，2000 年美国经济仍可望增长 4.4%。2000 年 2 月，美国总统克林顿在一年一度的《总统经济报告》中颇为得意地宣称，美国经济已创下连续 107 个月增长的历史纪录，正处于黄金时代和历史上最长的经济扩张期，而且迄今还看不出有任何衰退迹象，通胀加剧等威胁经济的不平衡因素亦没有出现。人们将这种让经济学家们大跌眼镜的经济运行状态称为“新经济”，以与传统的经济周期及经济调控所描述的状态相区别。研究表明，推动克林顿时期美国经济连续增长的首要因素之一是产业结构的迅速转变，其中最引人注目的是信息产业的快速增长。新的信息技术和信息资源的开掘正在改变以物质资源投入为主要支撑的“旧”的经济增长模式。

（3）通信文化产业是一种可持续发展产业。

可持续发展（Sustainable Development）是 20 世纪 80 年代提出的一个概念。1987 年世界环境与发展委员会在《我们共同的未来》报告中第一次阐述了可持续发展的概念，得到了国际社会的广泛共识。可持续发展是指既满足现代人的需求又不损害后代人需求的发展模式。换句话说，就是指经济、社会、资源和环境保护协调发展，它们是一个密不可分的系统，既要达到发展经济的目的，又要保护好人类赖以生存的大气、淡水、海洋、土地和森林等自然资源和环境，使子孙后代能够永续发展和安居乐业。也就是江泽民同志指出的：“决不能吃祖宗饭，断子孙路”。可持续发展与环境保护既有联系，又不等同。环境保护是可持续发展的重要方面。

可持续发展的核心是发展，但要求在严格控制人口、提高人口素质和保护环境、资源永续利用的前提下进行经济和社会的发展。

通信产业的经营核心部分是数字化的内容，其生产、流通、消费的过程基本上不需要投入大量的自然资源，也不会产生大量的消费垃圾。其内容价值的高低主要体现在创造者的智力水平和对数据重新结构化的能力素质上，也就是说，投入的主要是创造者的知识和信息，产出的则是另一种形态的知识和信息，对自然资源、环境不构成威胁甚至不造成消耗。从某种意义上说，只要人类作为一个物种而存在和不断发展，通信产业的资源就是取之不尽的，通信产业市场也将是永远存在的。因此，通信产业是一种绿色的、可持续发展的产业，是对环境友好的产业。

（4）通信产业天生具有全球化特点。

现代通信网络已经把整个世界连到一张庞大的信息网络中，偌大的地球已经变成了一个小小的“地球村”，各国各民族的信息正以光速在全球传递，文化资源、人力资源、计算资源和市场资源将不像过去那样因为受时空因素的影响而具有某种地域垄断性。花木兰的故事被美国人开发、孙悟空的故事被日本人开发就是最明显的表现。

（5）通信产业具有产业“溢出效应”。

通信产业是知识产业的重要组成部分，而知识产业是具有“溢出效应”的产业，所以通信产业也将对相关产业产生超出产业本身的“溢出”影响。关于知识产业的溢出效应问题，西方经济学家已经从理论层面作了充分的论证。1986 年，美国《政治经济学》杂志上发表了保罗・罗默的“收益递增经济增长模型”。罗默继承了经济学家阿罗的“干中学”思想，把知识作为一个变量直接引入模型，展示了知识积累的两个特征。一是专业生产知识的积累随着资本积累的增加而增加，这是由于随着资本积累的增加生产规模的扩大和分工的细化，工人能在实践中学到更多的专业化知识；二是知识具有“溢出效应”，随着资本积累的增加，生产规模的扩大和知识也在不断地流通，每个企业都从别的企业那里获得了知识方面的好处，从而导致整个社会知识总量的增加。因此，罗默认为，从社会观点来看，由于知识具有“溢出效应”，所以具有知识边际生产力的递增性。

由于信息传播的广泛性和信息技术的高渗透性，决定了通信产业也是一个渗透性极强的产业。即它不仅自身形成独立的产业系统，可以直接单独地计量，如通信设备制造业、计算机设备制造业、软件业等，并且它还和其他部门相融合，使通信技术和产品直接在这些部门内部得到运用，刺激了这些部门的发展。

通信行业发展产生了如下技术岗位：设备安装工程师；设备维护工程师；工程勘测设计工程师；软件调试工程师；技术支持工程师；软件业务工程师；网络设计工程师；网络优化工程师；网络维护工程师；网络管理工程师；网络产品营销工程师。

二、通信行业典型企业文化

例 1：正德厚生的中国移动文化

中国移动通信
CHINA MOBILE

中国移动通信图标

中国移动企业文化理念体系的核心内涵是“责任”和“卓越”，体现了中国移动作为企业，中国移动人作为社会中的一员，以成为“负责任”和“最优秀”的企业和个人作为自己的追求。中国移动企业文化理念体系立足于核心价值观、使命和愿景，凝结了中国移动人缔造辉煌历史的文化精髓，表达了中国移动对未来的美好憧憬和对事业的坚定信念。

中国移动的核心价值观是“正德厚生、臻于至善”。“正德厚生、臻于至善”既体现了中国移动的独有特质，反映了中国移动人的理想和胸襟，又彰显了中国移动追求卓越、勇担责任的社会时代精神，是企业神圣责任感的承载和追求卓越情结的传述。“正德厚生、臻于至善”就是要求以人为本打造以“正身之德”承担责任的团队，就是要求员工成为以“厚民之生、兼济天下”承担社会责任的优秀企业公民，要求员工具有精益求精，不断进取的气质，锻造勇于挑战自我，敢于超越自我的精神。

“正德厚生”是中国移动的行为责任规范。中国移动的员工要以“责任”为安身立命的根本，在全集团倡导承担责任的自觉意识，鼓励承担责任的自觉行为。中国移动始终本着负责任的态度处理好自身与用户、政府、合作伙伴、竞争对手、供应商和员工等各利益相关者的关系。这是中国移动作为一个企业通过承担责任对自身价值的彰显。“正德厚生”是中国移动的社会责任宣言。中国移动事业的发展，是建立在社会总体经济发展的基础上。中国移动始终以高度社会责任感，关怀社会民生，关注民众福祉，做一个优秀企业公民，通过各种实际行动回报社会。充分发挥企业优势，分享通信给人类带来的更为丰富便捷的高品质生活，使不断创新的科技成果为整个社会的和谐快速发展助力。“臻于至善”是一种姿态，是一种站位领先的气势。宣示了中国移动在未来通信行业乃至全球产业界的自我定位，那就是要力争在全球企业中站位领先。通过不懈的努力，成为同业乃至所有企业所公认的典范。

“正德厚生、臻于至善”是在中国移动企业发展历程中形成的特色文化的核心，体现了中国移动“先天下之忧而忧，后天下之乐而乐”的宽阔胸襟、责任意识和“天行健，君子以自强不息”的进取斗志和卓越精神。

中国移动以创造卓越品质的产品与服务为永恒目标，以客户导向为经营原则。未来用户需求的中心将由“通信产品”延伸到“信息服务”，这不仅意味着需求的领域得到拓展，更意味着需求的层次得到深化。中国移动将主动适应新需求、新竞争、新环境，以更加创新的思维，更加高效的流程，去开发更具吸引力的产品、提供更加优质的服务，及时、充分、持续地满足用户多样化、个性化、信息化的需求，以“专家”的精神开创品质卓越的移动信息服务，为人类的生活、学习和工作助力添彩。

“正德厚生，臻于至善”既体现了中国移动独有的特质，又阐释了中国移动历来的信仰。“正德厚生，臻于至善”就是要求以人为本打造以“正身之德”承担责任的团队，要求成为以“厚民之生”兼济天下、承担社会责任的优秀企业公民，就是要求培养精益求精、不断进取的气质，锻造勇于挑战自我，敢于超越自我的精神。

例 2：摩托罗拉：“肯定个人尊严”

作为世界上最大的通信、电子业跨国公司，摩托罗拉在中国改革开放之初就通过销售产品（无线对讲系统、蜂窝电话系统等）方式进入中国市场。1992 年 3 月 25 日，摩托罗拉（中国）电子有限公司在天津经济技术开发区成立，首期投资 1.2 亿美元。1994 年 10 月，1995 年 6 月，摩托罗拉（中国）电子有限公司上海分公司和广州分公司分别成立。

如今，摩托罗拉在中国进行广泛的商业活动。具体内容包括：

（1）继续在中国投资及技术转让。

（2）加速从技本人员到高层管理人员的本土化进程。

（3）提高产品国产化成分，协助中国建立电子基础工业。

（4）以独资为基础，发展与中国电子行业的合资合作。

举世闻名的摩托罗拉公司这样阐述自己对人力资源的看法：“人才是摩托罗拉最宝贵的财富和胜利源泉。摩托罗拉公司将对人才的投资摆在比追求单纯的经济利益更重要的位置。尊重个人是摩托罗拉在全球所提倡的处世信念。为此，摩托罗拉将深厚的全球公司文化融合在中国的每一项业务中，致力于培养每一个员工。”尊重个人，肯定个人尊严，构成了摩托罗拉企业文化的最主要内容。具体来说，摩托罗拉将“尊重个人”理解为：以礼待人，忠贞不渝，提倡人人有权参与，重视集体协作，鼓励创新。摩托罗拉公司通过为员工提供培训、教育、专业发展机会，后勤保障，公司内部沟通等方式，来实现对个人尊严的肯定。

1. 培训和专业发展机会

公司制定了培训计划，向公司中层和高层输送管理人才，以实现由中国人负责公司的管理和决策，从而加速人才本土化的进程。目前，在摩托罗拉（中国）电子有限公司中，经理主管一级已有 100 多名中国人，占该层管理者的 51%。在几年的时间里，摩托罗拉每年都选派

600 多名中国员工到其美国工厂去参加技术会议、工程师设计会议以及技术培训。

除内部教育和培训外，摩托罗拉还支持、组织员工参加全国经济统计专业职称技术资格考试、职称外语考试、质量认证培训等。

2. 众多沟通方式

1998 年 4 月，摩托罗拉（中国）电子有限公司推出了“沟通宣传周”活动，内容之一就是向员工介绍公司的 12 种沟通方式。

比如：

我建议：书面形式提出您对公司各方面的改善建议，全面参与公司管理。

畅所欲言：保密的双向沟通渠道，您可以对真实的问题进行评论、建议或投诉。

总经理座谈会：定期召开的座谈会，您的问题会在当场得到答复，7 日内对有关问题的处理结果予以反馈。

报纸及杂志：《大家》《移动之声》等杂志可以使您及时了解公司的大事动态和员工生活的丰富内容。

公司每年都召开高级管理人员与员工沟通对话会，向广大员工代表介绍公司经营状况、重大政策等，并由总裁、人力资源总监等回答员工代表的各种问题。

3. 一块铜匾

如果参观者来到摩托罗拉摆满奖杯奖状的“荣誉厅”，就会看到一块“先进党组织”的铜匾，这令很多人感到诧异。有人问：不是外资企业吗？怎么还允许党组织存在？党员活动受不受限制？外国老板怎样看中共党员？事实上，在摩托罗拉“党员公开、组织公开、活动公开”，这里的老板对党员活动给予方便，给予支持，给予经费，真正做到肯定个人的尊严。他们自己这样解释：“有这么多的党员，如果不发挥他们的作用，就是资源的浪费！”

摩托罗拉将“尊重个人”理解为：以礼待人，忠贞不渝，提倡人人有权参与，重视集体协作，鼓励创新。

例 3：华为的“狼性”企业文化

华为非常崇尚“狼”，认为狼是企业学习的榜样，要向狼学习“狼性”，狼性永远不会过时。华为创始人任正非说：发展中的企业犹如一只饥饿的野狼。狼有最显著的三大特性，一是敏锐的嗅觉，二是不屈不挠、奋不顾身、永不疲倦的进攻精神，三是群体奋斗的意识。同样，一个企业要想扩张，也必须具备狼的这三个特性。

华为的“狼性文化”可以用这样的几个词语来概括：学习，创新，获益，团结，体现最重要的团队精神之一。用狼性文化来说，学习和创新代表敏锐的嗅觉，获益代表进攻精神，而团结就代表群体奋斗精神。

华为团队精神的核心就是互助。狼能够在比自己凶猛强壮的动物面前获得最终的胜利，原因只有一个：团结。即使再强大的动物恐怕也很难招架得了一群早已将生死置之度外的狼群的攻击。

1. 华为打造自己的营销铁军五招

第一招：塑造"狼性"与"做实"企业文化

华为是一个巨大的集体，目前员工2.2万余人，其中市场人员占33%，而且素质非常之高，85%以上都是名牌大学的本科以上毕业生。17年来，华为取得的业绩是骄人的，在中国企业史上可谓是一个独一无二的例子。华为需要依赖一种精神把这样的一个巨大而高素质的团队团结起来，而且使企业充满活力。华为找到的因素就是团队精神——狼性。

华为团队精神的核心就是互助。华为非常崇尚"狼"，而狼有三种特性：其一，有良好的嗅觉；其二，反应敏捷；其三，发现猎物集体攻击。华为认为狼是企业学习的榜样，要向狼学习"狼性"，狼性永远不会过时。华为的"狼性"不是天生的。现代社会把员工的团队合作精神的问题留给了企业，企业只有解决好了才能获得生存、发展的机会。华为对狼性的执着是外人难以理解的。

华为的管理模式是矩阵式管理模式，矩阵式管理要求企业内部的各个职能部门相互配合，通过互助网络，任何问题都能做出迅速的反应。不然就会暴露出矩阵式管理最大的弱点：多头管理，职责不清。而华为销售人员在相互配合方面效率之高让客户惊叹，让对手心寒，因为华为从签合同到实际供货只要四天的时间。

狼性是华为营销团队的团队精神，这种精神是很抽象的，而且也是很容易扭曲的，这就需要有一种保障机制，使得狼性既可以正本清源地保留，这种保障机制就是华为的企业文化。

在中国，企业文化被各家企业说烂了，但是真正理解企业文化和实施企业文化战略的企业并不多，而华为就是其中之一。企业文化是华为之所以为华为的一个不可缺少的东西。华为的企业文化可以用这样的几个词语来概括：团结，奉献，学习，创新，获益与公平。华为的企业文化还有一个特点就是：做实。企业文化在华为不单单是口号，而且是实际的行动。

"狼性"与做实的企业文化是华为之所以为华为的根本。

第二招：选择良才

华为招聘员工的方法主要有两种方法，一种是社会招聘，另外一种就是校园招聘。对于营销人员来说，华为更热衷于用校园招聘的方式进行人才的选拔。华为的校园招聘是很专业的，已经形成了自己的招聘模式。

【校园招聘第一步】校园推介会。

每年的11-12月份，华为都要在全国高校密集的城市举行推介会。推介会是华为和学校连手的结果，由于现在就业形势严峻，而且华为又是可以在毕业生中呼风唤雨的企业，学校愿意为华为提供一个舞台。而华为为了招到优秀的毕业生则费尽了脑子，想在第一时间进入名牌高校，巴不得把优秀的人才都网罗在华为的旗下。推介会上也是很有讲究的，一般的流程是先介绍华为的基本情况，包括产品、公司现状、企业文化等。然后是安排一两个华为近年招聘的新员工对参加招聘会的人进行有关自己在华为如何成长的演说，演讲者口若悬河很有煽动性。最后就是接收简历了。在推介会中，细心的华为人会给参加推介会毕业生提供一瓶矿泉水，让人觉得华为是一个非常优秀而且富有人情味的公司。

【校园招聘第二步】笔试

面试在华为校园招聘中的环节分量最大。一般来说，华为的招聘人员在收来的简历中选取一些符合公司要求的毕业生，并通知他们来笔试。

笔试主要是专业知识和个人素质测试。目的是考察应聘者的对基本专业知识的掌握程度和应聘者的个人素质，包括智商、情商、个人素养等。试题早在华为招聘大军出发前就已经准备好了。试卷的设计是华为人力资源部组织专业人士设计的。复试只要按照一定的流程做就可以保证万无一失。

【校园招聘第三步】面试

经过笔试的选拔，华为会通知笔试成绩不错的毕业生来参加面试。面试的主要目的是确认应聘对象的能力是否与公司的要求相符。面试的内容涉及专业知识、个人的知识面和个人素质。作为一个应聘华为公司市场部的毕业生，华为面试的主要内容就会涉及到该生对营销理论的掌握程度、个人心态、基本的业务素质。华为希望挑选一个有理想能吃苦，能够尊重别人且能自重，且谦虚能容纳别人的人加入他们的团队。

华为企业文化图片

面试会有好多次数，因为一个面试官不可能对应聘者进行完全的了解。对于销售人员的面试来说，一般开始的时候面试的是专业知识方面的，面试官也是华为招聘大军中的市场部抽调过来的人。接下来的面试是有关个人素质方面的，面试官主要是人力资源部的专家。最后环节的面试官是市场部里的中高层人员，他们拥有最终的决定权。

整个面试过程要持续 2-5 天，有的可能更长。应聘者需要有耐心，还要做好充分的准备。

【校园招聘第四步】公司考察和宴会

面试合格的应聘者会被招聘人员组织参观华为在本地的公司，或者被邀请到一家星级饭店洽谈。在此过程中，应聘者可以更加深入的了解华为，而华为也希望自己可以表现得非常优秀。从而吸引那些优秀的学子加盟华为。这个环节一个必演节目就是现场签协议。华为要在竞争对手招聘之前就要把人才圈到自己的怀里，不给竞争对手任何喘息的机会。

闯过以上四关的毕业生，只要不发生什么意外，他们就能在毕业之后带上毕业证、学位证、派遣证到华为公司报到。

第三招：魔鬼培训

进入华为的新员工都要接受华为的培训，对于新员工来说，华为的培训过程就是一次再生经历。华为已经形成了自己的培训体系。在深圳，华为有自己的培训学校和培训基地。华为的所有员工都要经过培训，并合格后才可以上岗。华为也又自己的网上学校，通过这个虚拟的学校华为可以在线为分布在全世界各个地方的华为人进行培训。

华为的培训有如下特征：

1）培训成为一种习惯。培训不再是在新员工入司或出现问题后的救火，培训是业务员掌握技能的手段，培训是业务员胜任营销工作的必须，培训是企业提高业务员受雇能力的责任。

2）培训系统化，有专门培训岗位和培训师，培训有计划。培训不再是拾漏补缺，不再是临时的安排，公司将按照计划有条不紊地开展；另一方面，组织建立内部培训师队伍，并拥有外部智力支持机构和培训师队伍。

3）培训成为一种投资。大多企业把培训当费用，而且，绝大部分企业没有培训费用，更不用说预算，预算是培训有保障进行的前提。在华为，培训不再是费用，而成为企业寻求发展的一笔投资。华为每年的培训费用高达数亿元。

4）华为培训的教材自己编写。主要有《华为新员工文化培训专题教材》《优秀客户经历模型》，还有有关华为产品和技术的培训各种材料。教材自己编写，习惯从实际案例中提炼出思想，使得教材方便于教学。

5）培训的效果有严格考核评估。绝大部分企业在讲师培训结束后，既不考试，也不评估。华为十分重视培训效果的检视、考核和评估。新员工在进入华为公司前进行系统培训，培训后要进行严格的任职资格考试，只有通过考试的业务员才会被录用。另外，培训的结果与晋升、加薪相挂钩，纳入组织考评体系。

华为培训主要有 3 种，上岗培训，岗中培训，下岗培训。而且这三种培训是一个体系。

华为培训体系

培训种类	方式及内容
上岗培训	接受上岗培训的人主要是应届毕业生，培训过程跨时之长、内容之丰富、考评之严格，对于毕业生来说这样的经历是炼狱，这样的培训又称“魔鬼培训”。主要包括分军事训练、企业文化、车间实习与技术培训和营销理论与市场演习等三个部分
岗中培训	对于市场人员来说华为的培训绝对不仅仅限于岗前培训。为了保证整个销售队伍时刻充满激情与活力，华为内部形成了一套完整针对个人的成长计划。有计划地，持续地对员工进行充电，让员工能够及时了解通信技术的最新进展、市场营销的新方法和公司的销售策略 主要的培训形式是实行在职培训与脱产培训相结合，自我开发与教育开发相结合的开发形式，传统教育和网络教育相结合。通过培训提升销售人员的实际能力，保证了一线的市场销售人员具备持久的战斗力
下岗培训	由于种种原因，有一些销售人员员工不能适合本岗位，华为则会给这些员工提供下岗培训。主要内容是岗位所需的技能与知识。要是员工经过培训还是无法适合原岗位，华为则会给这些员工提供新职位的技能与知识培训，继续帮助他们继续成长

第四招，制度化用人

经过魔鬼培训的业务人员，基本上具备了业务人员的基本素质，缺乏的就是实践经验。华为这个时候把通过培训新销售人员直接派往华为分布在全球各地的分公司或办事处，让他们在市场一线展示自己的才华和接受实践的改造。

有人以为华为这样的行为是盲目的。因为一个刚刚毕业的大学生根本不可能能在市场一线杀出一片天地。然而当旁人看到华为的市场在不断的扩大，直到把战火烧到美国时，旁人才对华为的胆识产生敬意。在华为的销售人员中，业绩最好的销售人员并不是有丰富经验和经历的人，而是那些刚刚从大学毕业的雄心勃勃的新员工。华为市场一线人员的工作年限一般不会超过 3 年，因为 3 年的时间足以让销售人员了解华为产品于其他公司的产品的优势与劣势，一旦对这些了解，销售人员的士气就会大减，而任正非要保证一线人员永远充满活力。

华为公司的绩效管理强调以责任结果为价值导向，力图建立一种自我激励、自我管理、自我约束的机制。通过管理者与员工之间持续不断地设立目标、辅导、评价、反馈，实现绩效改进和员工能力的提升。

对于不同内容华为都有自己的考评标准，这些标准经过长期依赖的规范化和系统化，变得可操作性特别强。而考核过程也是全面的、系统的。营销人员首先要提交考核申请，考评员再分两次对申请人进行考核，第一次考核主要是考核对象与考评人的沟通，这次考评人主要是考核对象的直接上级。与上级的沟通主要表现在：共同确定工作计划，勤于请教上级和自我评价。第二次考核主要是对第一次考核的审核，审查一次考核是否符合规范，可信度等。两次考核结束后最后还要接受市场干部部的监督与认证。

华为目前采用的是季度考核、年度总评的方式。工作业绩考核主要围绕季度工作目标与目标完成情况，根据考核标准进行等级评定，任职资格主要围绕行为标准，通过证据对申请人达标与否进行认证。日报、周报、月报、季报和与之相适应的阶段性考核，保证了主业的不断增长和员工“阶段性成就欲望不断得到满足”。因为任正非相信：如果华为有一天停止了快速增长，就会面临死亡。只要主业还充满活力，我们的团队就有强凝聚力，员工就会拼命而乐此不疲。完善的制度、严格的考核保证华为制度化用人战略的实施，为华为打造营销铁军提供了制度保障。

第五招：有效激励

华为为了保证一线人员永远保持活力，对销售一线人员的激励也是大手笔。在华为，一个优秀的销售人员不单单可以得到华为的物质激励，还可以得到精神激励。当然二者在华为是有机的结合的，激励也是华为“做实”作风的体现。

物质和精神上的激励保证了华为的营销团队永远活力充沛，在战场上充满了战斗力。从培养“狼性”到维护“狼性”，从“讲到”企业文化到“做实”企业文化，华为营销人员用自身的发展经历证实了“狼性”与“做实”的难得。华为的营销团队建设为中国本土高瞻远瞩企业树立了一个可以学习和借鉴的典范。华为告诉我们，要成功打造营销铁军就得要让营销团队充满“狼性”，而且，也告诉中国的本土企业“狼性”的培养是可能的，但是这个过程是非常艰巨的。成功没有捷径，从招聘人才，到培训人才，再到使用人才，最后激励人才每一个环节都需要企业付出心血。

没有专业的招聘，就不能招到良才；无系统的培训，华为将无法塑造自己的销售铁军；没有办法让整个销售队伍统一思想，没有完善制度，华为对销售团队的管理将“无法可依”；不严格考核，华为的制度将没有任何的意义；没有公平、有效且完善的激励制度，企业的销售团队将像死水一样毫无动力！

一支军队假设没有灵魂，这个军队将可能在瞬间分崩离析；而一个有灵魂的军队，那么即使遇到一时的困难，这个军团也可能重新组建起来，重新在战场上扬威，对于企业的营销团队建设来说，也是如此。

2. 华为企业文化与管理的关系

（1）华为文化是华为凝聚力的源泉，也是华为二次创业的内在支撑。

企业从一次创业进入到二次创业，需要寻找二次企业的内在支撑，华为二次创业的内在支撑在于华为的组织建设与文化建设。华为文化之所以能发挥使员工凝聚在一起的功能作用，关键在于华为文化的假设系统，也就是隐含在华为核心价值观背后的假设系统。如“知识是资本”的假设，“智力资本是企业价值创造的主导要素”的假设。再如学雷锋的文化假设是：雷锋精神的核心本质就是奉献，做好本职工作就是奉献，踏踏实实地做好了本职工作的精神，就是雷锋精神。而华为的价值评价与价值分配系统要保证使这种奉献得到合理的回报。正是这种文化的假设系统使全体华为人认同公司的目标，并把自己的人生追求与公司的目标相结合，帮助员工了解公司的政策；调节人与人之间、个人与团队之间、个人与公司之间相互利益关系。从而形成文化对华为人的行为的牵引和约束。

（2）管理思想的进步推动华为文化的“生生不息”。

企业文化说到底是为管理服务的，任何文化不能脱离管理的目的。同时，又是理念和思想层次上的管理。企业文化的发展必然遵从管理者的思想脉络而生生不息。管理者的管理思想通过文化这种形式，与下属员工沟通和交流，产生凝聚力和向心力，从而实现企业家的精神和抱负。

从华为文化的特点来看，其来源有三：一是国内外著名企业的先进管理经验；二是中国传统文化的精华；三是现有华为企业家创造性思维所产生的管理思想。其中，华为企业家群体的管理思想是华为文化的主流，它不断创新，使得华为文化“生生不息”。

然而，并不是管理者所有的管理思想都能融入华为文化之中，我们在进行华为文化建设时，必须处理好两个关系：一次创业与二次创业的文化关系是继承和发展的关系；公司文化与部门文化的关系是“源”与“流”的关系。要处理好这两个关系，我们就要反对固步自封，要继续坚持开放式地吸纳国内外先进企业文化和中国传统文化的精髓，但同时，我们要防止社会上不良文化和价值观对我们已有的优良文化的稀释与侵扰；我们要充分认识到二次创业公司大了，部门大了，部门工作性质差别太大，业务评价标准、内容、表现形式有所不同，但都可在一次创业公司文化中找到经过实践验证为正确的价值评价“公理”，因此我们要在坚持已有的核心价值观的同时，鼓励各部门逐步形成适合各自工作特点，有利于推进部门工作的特色文化。具体地说，公司要抓好组织行为和干部行为的价值评价工作；部门要抓好员工个人组织行为和个人行为价值评价工作。

我们要重视华为人与准华为人在文化和价值观上的差异，要加强华为文化的宣传教育工作，把是否认同华为文化，看成是判别准华为人是否转化为真正华为人的尺度和标准。总之，管理者要抓文化建设，尤其是企业的高层管理者要创建和管理文化，并提高自身驾驭企业文化的能力。

（3）运用文化来构建华为管理机制，以此推动华为管理的改良与提高。

华为文化就像企业的“魂”，推动着华为管理改进与提高。管理制度和规范是在华为文化中酝酿而成的，任何管理制度和规范的制定都不能脱离华为的文化背景。企业的管理制度和规范不可能千篇一律，也不可能照搬其他企业制度。制定华为公司的管理制度和规范，必须从实际出发，反映自身文化特色和业务特点，才能为员工所接受和认同。因为华为文化是华为经营管理实践经验的总结，而华为的管理制度和规范也应该是华为文化中具有相对稳定的符合华为公司核心价值观的并可再次通过实践检验为正确的东西。这些管理制度和规范用条文的形式加以固定化，通过试行反复证明，并在员工中达成共识后，经过正式签发和颁布，为员工共同遵守。实际上只有与华为人的文化背景相适应的管理制度和规范，才能与华为的实际相符合，才具有执行力。

管理机制是靠文化来推动的，文化是华为公司管理机制产生效力的润滑剂。各项管理者都必须认同华为企业文化，并科学灵活地运用文化建设来推动、改善华为管理。管理机制是由组织、岗位职责及其管理制度和规范等构成，它具有刚性。它脱胎于企业文化，同时又是构建在企业文化的基础之上，靠企业文化来推动和润滑使其运转。当一个管理者，尤其是中高层管理者，只精通业务，而不懂得如何抓组织建设、制度建设和文化建设，就无法实施管理，实际上不适合做管理者。

（4）将华为企业文化建设扎根于华为日常管理之中。

强化 8 小时之内的企业文化与管理，将企业文化建设融入华为的日常管理活动之中，将企业“魂”凝聚在企业产品质量、信誉、品牌和市场竞争力之中，体现于企业各级管理者的日常管理行为之中。

8 小时之内的企业文化就是实施企业管理。那么 8 小时之内企业文化活动是什么?是对管理制度和规范的酝酿与推行，是对个人组织行为的考核评价活动。员工之间管理思想的交流与沟通，管理制度、规范的酝酿与推行以及员工个人组织行为的考核与评价，都是在构筑一个企业“魂”，这个构筑过程就是文化的过程。管理是这一文化过程的外在表现，是把企业“魂”凝聚在企业产品质量、信誉、品牌和市场竞争之中。

8 小时之外，企业有组织的文化活动应该是对个人才能、才华自发培养和评价的活动，或者说，是对个人组织行为和情感的培养以及个人组织行为能力以外的其他智能和体能的评价活动，公司提供一个释放和评价个人能量的场所。通过 8 小时之外的文化活动，使员工生活丰富多彩，身心得以休息、放松，恢复体力和脑力，修整队伍，调节生活。同时，在文化活动中有意识地培育员工的参与意识和乐观向上的企业家精神、敬业精神、创新精神、团结合作精神和奉献精神，陶冶公司提倡的高尚情操与情感，鼓舞员工去创造丰富多彩和积极的人性，如我们要提倡缺乏合作精神的人去踢足球，多参加一些集体项目；要提倡缺乏创新精神的人多参加一些探险活动；要提倡没有奉献精神的人多参加一些义务劳动等等。8 小时之外的企业文化生活是为提高 8 小时之内的工作能力和情感服务的。

狼性是企业文化特性的浓缩，华为十分重视企业文化，任正非对此有着精辟的论述：“资源是会枯竭的，唯有文化才会生生不息。一切工业产品都是人类智慧创造的，华为没有可以依存的自然资源，唯有在人的头脑中挖掘出大油田、大森林、大煤矿……精神是可

以转化成物质的，物质文明有利于巩固精神文明，我们坚持以精神文明促进物质文明的方针。这里的文化，不仅仅包含知识、技术、管理、情操……也包含了一切促进生产力发展的无形因素。”

企业能在竞争中胜出，得利于它独特的核心文化，形成独树一帜的企业文化。特别是在我国企业的实力还远远弱于世界级企业，而又必须在全球经济一体化的竞争中生存的时刻，企业文化能够发挥奇效，构成实用、有效的特殊竞争力。

第五部分　高职学生对产业文化的适应与融合

前教育部部长袁贵仁说：所谓教书育人、管理育人、服务育人、环境育人，说到底都是文化育人。

纵观世界工业强国，他们具备雄厚的经济技术和物质基础同时具有深厚的工业文化底蕴，他们的企业和产业人员都具有良好的产业文化素养。这种产业文化素养是先进科技和现代制度的文化基础，也是人的现代化和人力资源的核心竞争力的标志，更是国家软实力的主要组成部分。

产业文化育人的作用，就是在培养职教人才的过程中，通过熏陶、渗透、融入等方式把科技与文化、认知与情感、做人与做事融为一体，培养既有职业知识技能又有符合当代产业体系所需要的文化素养的高素质技术技能人才，从而更有效地促进现代产业体系的发展。

第十四章　信息产业的职业发展状况

前面章节里我们解读了计算机、电子、通信三大领域的产业文化的相关内容，作为大学生学习产业文化知识的一个补充，这是学生在校学习期间应该了解的一些东西。对于这三大产业当前的市场需求、职业发展状况等，也本应在前面章节里分别予以分析和阐述，但鉴于这三大产业的交叉点和融合点颇多，我们可以将这三大产业统称为“信息产业”，并将其职业发展状况在本章里归纳在一起详解，希望对学生从更宽视野认识自己的专业有所帮助。

一、IT 产业的主要职业分类和人才需求

IT 产业是知识密集、技术密集的产业，其生产方式的特殊性决定了人力资源在 IT 企业中的地位。微软中国的创始人、创新工场董事长兼首席执行官李开复曾说：“人才在一个信息社会中的价值，远远超过在一个工业社会中的价值。原因很简单。在一个工业社会中，一个最好的、最有效率的工人，或许比一个一般的工人能多生产 20%或 30%的物品。但是，在一个信息社会中，一个最好的软件研发人员，能够比一个一般的人员多做出 500%甚至 1000%的工作。

举一个例子，世界上最小的Basic语言就是比尔·盖茨一个人写出来的。而为微软带来巨额利润的Windows也只是由一个研究小组做出来的。”可以说，人才是信息产业发展的支撑，信息产业对人才的需要更甚于资金。

1. IT产业职业分类

IT产业是近几年我国新兴职业发展最为迅猛的产业。在2006年国家劳动和社会保障部发布的IT行业职业分类成果报告中，IT职业被分为“IT主体职业”“IT应用职业”“IT相关职业”3个类别，进一步分为13个职业群，41个职业细类，如表14-1所示。41个职业涵盖了计算机软硬件、网络、信息系统、制造、应用系统开发等领域，体现了IT企业用人日趋精细化的特点。如软件职业群目前分为“系统分析师”“程序员”“软件测试师”“软件项目管理师”4个职业，而其前身是“软件设计”这一个职业，这是与软件产业发展相适应的。随着软件从业人员增多，一些职业活动逐渐细化，出现了新的固定分工，从而形成了软件职业细分。这个职业分类较好地为企业解决了职业分类和定岗问题，符合我国IT产业发展状况。

表14-1 IT职业划分表

类别		1	2	3	4	5	6	7	8
IT主体职业	软件类	系统分析师	计算机程序设计员	软件测试师	软件项目管理师	系统架构设计师			
	硬件类	计算机维修工							
	网络类	计算机网络管理员	网络系统设计师	网络综合布线员	网络建设工程师				
	信息系统类	计算机操作员	信息系统安全员	信息系统管理师	数据库系统管理员	信息系统监理师	信息系统评估师	信息资源开发与管理人员	信息系统设计人员
	制造类	半导体器件测试工	半导体器件制作工艺师	半导体器件制造工	半导体器件支持工	半导体器件封装工			
IT应用职业	控制类	单片机应用设计师	控制系统设计师	逻辑控制芯片编辑员	数据自动采集与分析员				
	应用系统开发	嵌入式系统开发师	网站开发师	游戏程序开发师	射频识别系统开发师				
	设计类	计算机平面设计师							
	商务类	网络编辑员	计算机网络客服人员	网上销售员					
	娱乐类	数字视频制作师	数字音频制作师	三维动画制作员	游戏美术设计师				
	教育类	网络课程制作师							
	通信类								
IT相关产业	其他	电子标签操作员							

在 IT 行业快速发展的大背景下，行业细分的趋势也日益加快，充斥在人们生活点滴中的云技术、大数据、社交互动、移动社区等概念是 IT 行业细分趋势的直观体现。

2. IT 行业人才需求情况

根据人才机构发布的职位数显示，2010 年需求最旺盛 IT 业人才类型有：3G 工程师、游戏软件工程师；2011 年最热门的 IT 职位有：软件测试工程师、软件工程师、游戏开发测试人才，且缺口较大。

中国 IT 应用技术蓝皮书发布的《2010—2011 年中国 IT 人才发展状况的调查》，为中国 IT 行业人力资本状况提供了有力的数据支持。

（1）IT 技术人员的行业结构分布，如图 14-1 所示。

目前，超过 1 / 3 的 IT 专业人员从事 IT 服务行业，其他行业主要集中在制造业（18.1%）、电信/通信（8.3%）、科研/教育（6.9%）、金融（5.0%）、商业流通（2.9%）和政府/公共事业（2.6%）等。几年的统计数据显示，中国 IT 专业人员从事的行业一直呈现出分散趋势，但顺序变化不大。值得一提的是，2010 年电信/通信行业从业比例从 2009 年的第 5 位（6.2%）提高到第三位（8.3%），2010 年移动互联应用的迅猛发展再次激活了这个行业的人才需求。

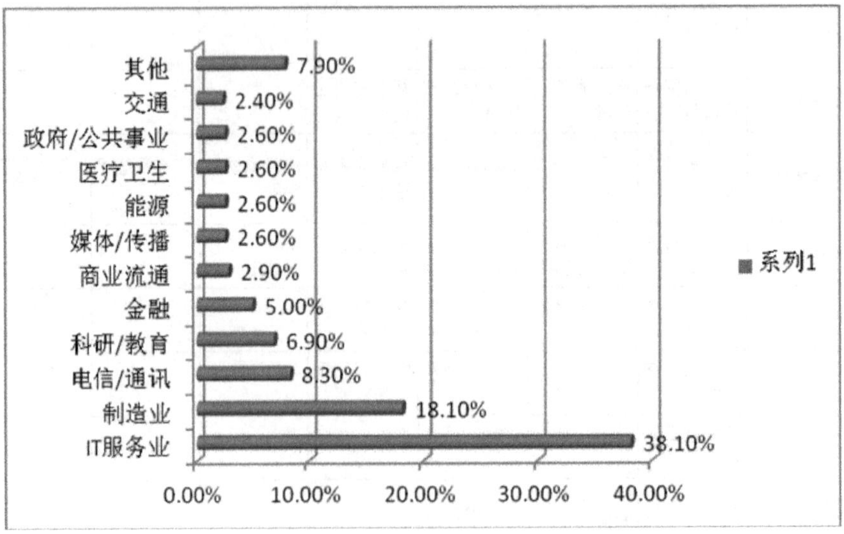

图 14-1　IT 技术人员的行业结构分布

（2）IT 人员年龄和学历分布，如图 14-2 所示。

1）年龄结构分布。目前，中国 IT 专业人员中，25 岁以下所占比例由 2009 年的 29.7%下降到 2010 年的 28.4%；26～35 岁占到 67.4%，这一年龄段所占比例与 2009 年相比增加了 7 个百分点；36 岁以上的占到 4.2%，与 2009 年相比下降了 6 个百分点。比较近几年调查数据发现，2010 年中国 IT 专业人员的年龄趋向青壮年的趋势十分明显，26～35 岁的 IT 专业人员已经成为各大企业 IT 岗位的中坚力量。

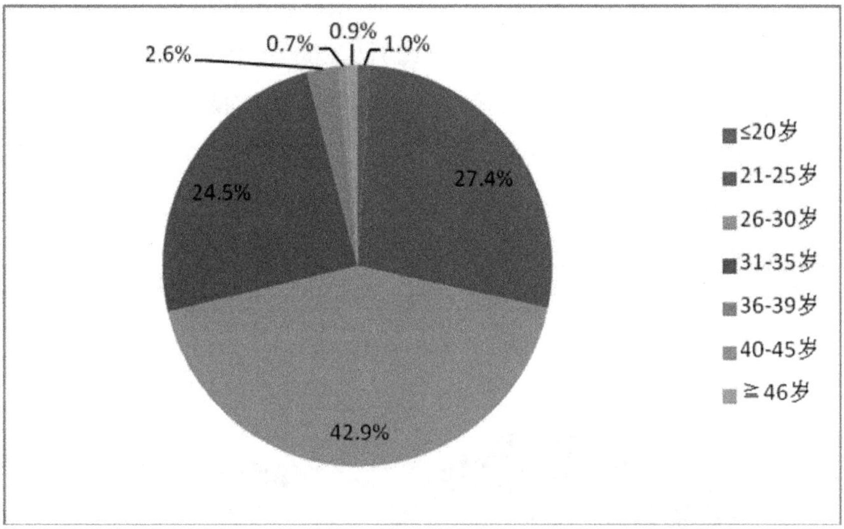

图 14-2　IT 行业人员年龄结构分布图

2）学历结构分布，如图 14-3 所示。2010 年与 2009 年的调查数据相比，中国 IT 专业人员学历结构基本稳定，但是出现了高学历比例有所下降的现象。其中，本科学历减少了 2.2 个百分点，为 64.3%，硕士学历减少了 1.9 个百分点，为 10.7%，博士及 MBA / EMBA 所占比例翻了一番，分别为 0.5%和 0.7%，大专学历所占比例增加了 4 个百分点，为 23.1%。企业开始淡化 IT 人才的学历要求，加强了对实际的开发和应用水平考察。受此影响，职业教育有针对性地输送大量中低端人才更加受企业欢迎。

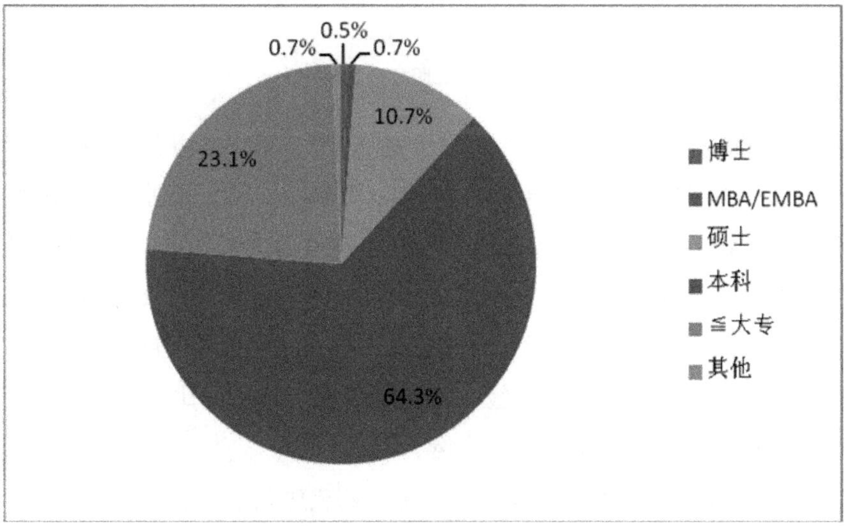

图 14-3　IT 行业学历结构分布图

（3）IT 技术人员职务及从业经历结构分布，如图 14-4，图 14-5 所示。

1）职务分布状况。对比 2009 年和 2010 年的数据发现，2010 年中国 IT 专业人员的职务明显回归理性。其中，高层主管和 CIO / CTO 比例从 2009 年的 6.2%降低到 2010 年的 0.5%，中层主管（部门经理 / 总监 / 主任等）比例从 2009 年的 23.2%降低到 2010 年的 10.7%，但是 IT 技术主管的比例增加了 6.2 个百分点，达到 16.2%。从职务的结构变化可以看出，企业对 IT 人才的定位越来越清晰，IT 人才在企业中承担工作的专业化程度不断加强，随着信息化和工业化融合带来的机遇，IT 人才在企业中从事 IT 工作的地位趋于稳定。

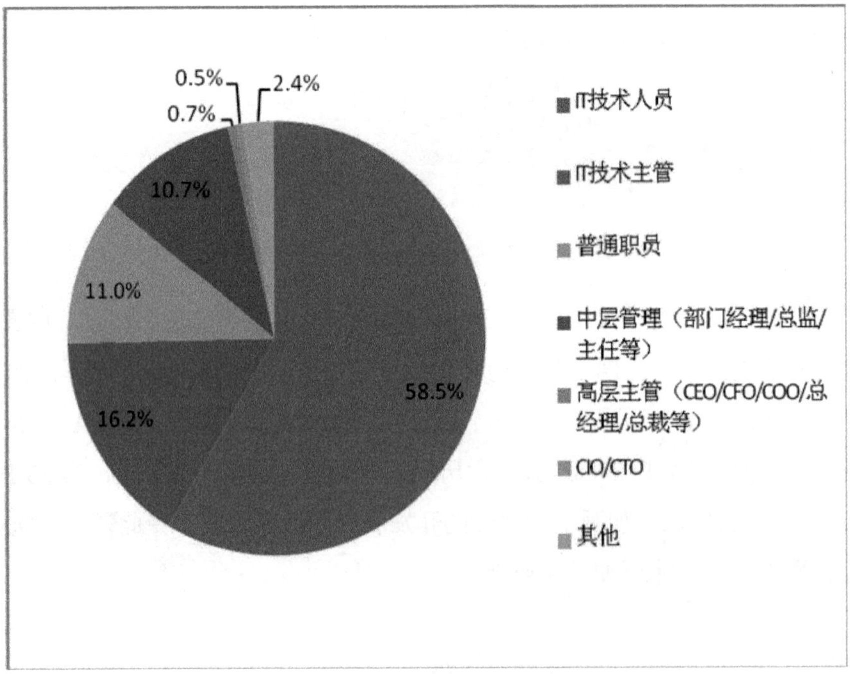

图 14-4　职务分布图

2）从业经历分布。从中国 IT 专业人员的从业经历看，工作经历在 3～4 年和 5～6 年的分别占到 27.1%和 21.4%，1～2 年的占 16.2%，1 年以下和 7 年以上分别占到 7.9%和 27.4%。与过去几年调查数据相比，工作 1～6 年的比例（2010 年是 64.7%，2009 年是 69.3%）有明显减少趋势（其中 2 年以下工作经验的 IT 人员和 5～6 年的 IT 人员的减少比例最为明显）。随着企业信息化建设的成熟，有一定工作经验的才能够在企业得到持续的发展。而有 7 年以上的工作经验，真正经过企业信息化锻炼的中高级 IT 专业人才在企业中的比例趋于稳定上升。

（4）IT 人员所在企业规模分布，如图 14-5 所示。

目前 IT 专业人员已涉及不同规模的企业，但比例相对集中在中大型企业。

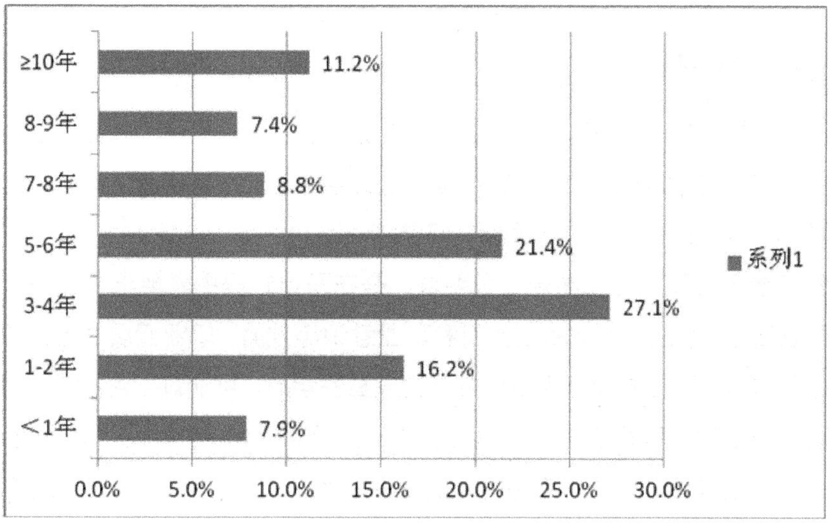

图 14-5　从业经历分布图

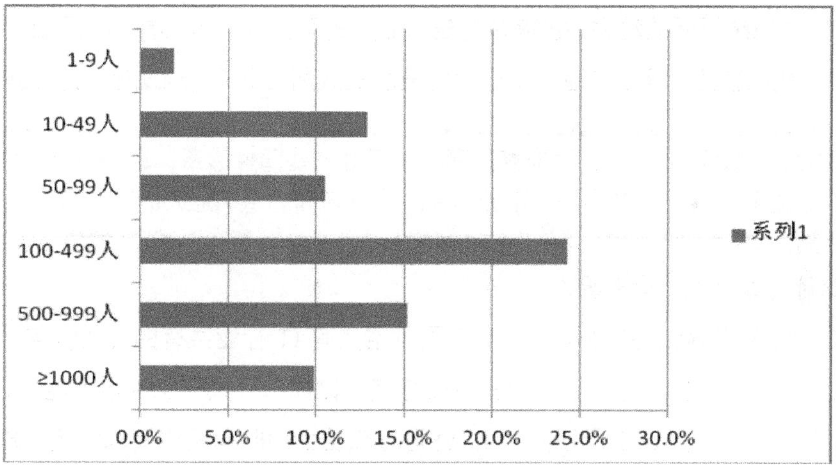

图 14-6　从业企业规模分布

从各主要城市计算机、互联网、通信、电子职能的用人需求情况来看，市场出现普涨行情。北京、上海、广州、深圳四大城市人才需求量仍处于第一阵营，其中广州一改下跌趋势，以 25%的增长幅度领先其他 3 个城市。在二线城市中，哈尔滨、济南和昆明表现突出，增长幅度分别为 60%、52%和 42%。从网上发布职位数增 / 降幅度来看，西安的增幅在 32%，位居前列。

我们已经生活在网络时代、信息社会；信息技术已经完全改变了我们的工作和生活方式；计算机信息技术不再是一个单独的行业，而是各行业包括日常生活不可缺少的一项技术和工具；智能技术和终端的迅速普及造成信息技术人才严重短缺；选择信息技术专业就是选择高薪工作。

二、IT 行业的职业素质

IT 行业涉及的范围和领域很广，也是人员流动非常频繁的行业。如何在这种频繁的流动中保持职业的持续稳定发展呢？IT 人应该具备什么样的素质呢？什么样的平台对职业发展有利呢？这些是 IT 人与准 IT 人都应该思考的问题。

广义的职业素质指职业内在的规范和要求，是在职业过程中表现出来的综合品质，包括职业道德、职业技能、职业行为、职业作用和职业意识等方面。职业素质由显性职业素质和隐性职业素质共同构成，职业知识、行为和技能构成显性素质，可通过学习、培训和实践直接获得；职业道德、职业意识和职业态度为隐性素质，属于世界观、价值观、人生观范畴的产物，是随着人一生成长逐步形成，逐渐完善的。企业界用“冰山理论”和“大树理论”对这一职业素质的结构关系做了形象的比喻，认为虽然职业技能对个人、对企业而言很重要，但企业更看重的是职业道德、职业意识和职业行为这些隐性素质，因为只有高的隐性职业素质才能为企业和个人发展提供源源不断的动力，它指向的是职业人的可持续发展的能力。职业素质的核心是工作价值观，职业态度、职业道德、职业行为是职业人所应具备的工作价值观的外化。

企业更看重的是职业道德、职业意识和职业行为这些隐性素质，因为只有高的隐性职业素质才能为企业和个人发展提供源源不断的动力，它指向的是职业人的可持续发展的能力。

1. 企业对员工的职业素质要求

每个 IT 企业都有其独特的企业文化，但同时也具有 IT 行业共有的文化特点。相应地不同企业对员工职业素质的要求也表现出一些共性特点，比如都强调员工的学习能力、团队精神、沟通能力等特点。这从表 14-2 所示知名 IT 公司对应届生的职业素质要求可窥一斑。

表 14-2 知名 IT 公司对应届生的职业素质要求

公司名称	招聘标准	
	基本要求	其他素质
上海贝尔	可塑性好，即再学习能力强	专业并不是唯一要求，还要考察应变能力、团队合作、忠诚度
中兴通信	有较强的忠诚度	比较强调动手能力与学习潜能
华为	诚信，学习能力强	思维能力、承受压力能力、团队意识
UT 斯达康	诚信自律	团队合作、创新高效、与公司共同成长、沟通能力
东软软件	学习能力、沟通与表达能力强、有协作意识	有闯劲、敢于冒险、不断进取
摩托罗拉	具有团队精神，诚信、勤奋、富于创造性	
诺基亚	价值观是否与公司吻合，沟通能力、创新能力强，有灵活性	

续表

公司名称	招聘标准	
	基本要求	其他素质
神州数码	认同公司文化，沟通能力、团队合作、学习能力强	
IBM	愿意与 IBM 共同成长	再学习能力强，具有客户第一的价值取向，沟通能力强、能尽最大努力

2. IT 职业素质

国内专业 IT 服务机构东方标准人才服务公司通过大样本调研，发布了《中国 IT 国从业人员心理特征研究报告》，并归纳总结出 IT 从业人员的职业素质模型。该研究报告根据国内外有关 IT 职业分类，将 IT 行业从业人员按照岗位特征、职责和要求划分为 4 类岗位：管理类、销售类、技术支持类和研发类。以 4 类岗位的划分为基础，通过深度访谈、问卷调查、统计分析等技术，构建了 IT 行业非技能的胜任素质模型，最后归纳出 IT 行业 12 项共性的职业核心素质和不同岗位的特有核心素质两大部分。如图 14-7 所示。

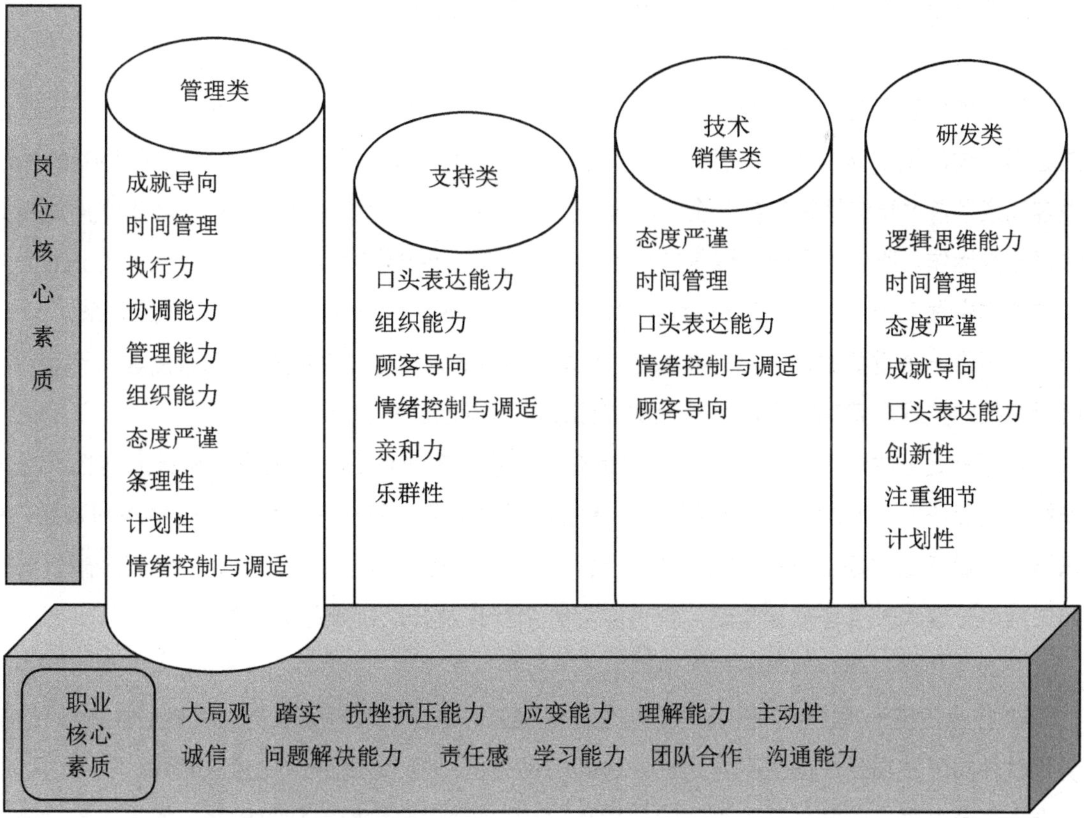

图 14-7 IT 职业素质

虽然这 12 种素质是 4 类岗位人员都应该具备的，但并不是表示它们在 4 类岗位人员的素质要求中所占的比重也完全相同。例如，对管理类人员而言，沟通能力、责任感、学习能力和团队合作 4 个维度的重要性就超过了对其他维度的要求；销售类人员则在沟通能力、问题解决能力、主动性和诚信 4 个维度上要求较高；技术支持类人员在学习能力、责任感、团队合作和沟通能力 4 个维度上要求较高；研发类人员在团队合作、学习能力、责任感和问题解决能力 4 个维度上有着其他维度所不可比的更高要求。

除了最基本的职业核心素质，4 类岗位又分别有各自岗位进一步的要求。其中，管理类人员对“成就导向”“时间管理能力”和“执行力”有比较高的要求；技术类人员对“态度严谨”“时间管理能力”和“口头表达能力”有进一步的要求；销售类人员除了基本职业核心素质要求外，对“口头表达”“组织能力”和“顾客导向”有相比其他岗位更高的要求；研发类人员对“逻辑思维能力”“时间管理能力”和“态度严谨”有别于其他岗位的自身要求。

麦可思《2011 年中国大学生就业报告》显示，从事 IT 行业的 2007 届毕业生就业三年后认为“重要的工作能力”前三项为：有效的口头沟通、积极学习和积极聆听的能力。

结合以上模型，归纳出 IT 职业岗位最重要的职业素质如下：

（1）诚信和责任意识。

诚信和负责是为人处世最基础的道德价值观，也是 IT 企业的立业之本。TCL 的企业老总就这样说过，诚信是企业的信誉链，只有供应商对经销商诚信负责，经销商对顾客诚信负责，顾客满意了，才能使最终客户对企业品牌产生信任感。在这个链条当中，有一环出现问题就无法很好地运作。所以这是一个诚信的价值链，诚信是企业的核心竞争力。一个人只有诚信，才能在工作中做到公正无私，信守承诺，妥善处理人与人、人与企业、人与社会的关系。在 IT 行业，诚信一个重要的体现就是要求 IT 人员严格自律，坚守道德底线，不做黑客，不利用自己所掌握的技术和管理权限，从事违法违纪活动为自己谋取利益。

责任就是分内应做的事情，负责就是有责任感、有责任心。个人言行必须对自己、他人和社会负责任。一个人在人生不同阶段，承担不同的角色，每一个角色就意味着不同责任。在职场中，责任是做好工作的前提。IT 人员往往担负着企业信息安全的重任，尤其金融行业，如果网络管理人员责任意识淡薄，很可能会给企业甚至公众带来巨大的损失。

（2）团队协作精神和良好的沟通能力。

IT 行业任何一项产品、一个项目都是集体智慧的结晶，因而要求员工有良好的团队精神。现代软件的开发项目，已经不再是过去那样仅仅凭借一两个人就可以做到的事情了，十几人、几十人甚至上百人的软件开发团队随处可见。所以，企业希望招聘到的程序员的个人能力不一定很强，但需要合作意识很好。团队协作精神的基础是和谐的人际关系和良好的心理素质。没有良好的人际关系，是不可能有人与人之间的真诚合作的；没有良好的心理素质，也是很难做到相互宽容、乐于奉献、积极进取的。项目团队中所有成员需要做到及时有效沟通，相互理解；在出现意见分歧时，分歧双方的基本态度应该是说服对方而非强制对方，裁决两种不同意见的唯一标准是看哪一种意见更有利于推动项目的正常进行。

（3）良好的学习能力和创新精神。

IT 行业的知识体系更新非常快，可能几年后现在掌握的知识就没用了。摩尔定律揭示了信息技术进步的速度，短短几十年，信息技术发展迅速，新技术、新产品层出不穷，IT 领域的知识也以很快的速度在发展。所以，IT 从业者要不断地关注新事物，开阔眼界、学习知识，“活到老、学到老”应该是这个行业发展的一个形象描述。这样导致 IT 职业的半衰期越来越短，如果不积极主动学习，不主动自我更新，也会出现人才折旧的烦恼，遭遇职业发展的危机。同时，企业也要求员工发挥积极主动性，有创新精神和另类思维，实现有创意、个性化的发展，为企业带来突破性和创新性的发展。

（4）知识产权保护意识。

知识产权保护是影响信息产业健康发展的一个重要问题。知识产权保护的重要性是由信息产业的“知识经济”本质所决定的，发展知识经济必然意味着尊重和保护知识产权；同时互联网技术应用和普及使得国家的信息空间得以建立，更要求对知识资产的保护上升为法律和制度性规范，并形成国际公认的知识产权。在我国商业法律体系尚不成熟的体制下，我国多数企业还缺乏与经营战略相结合的知识产权管理制度，在其经营及创新发展中不会利用知识产权信息，对于创新成果不懂得获取有效知识产权保护，不善于运用知识产权法律规则保护自己的权益。作为 IT 从业人员，必须具有知识产权保护意识，既懂得保护自己的版权，也能做到尊重他人版权，更不会侵犯他人版权。

第十五章　高职学生对产业文化的适应

有句话说：高职学生在校期间要学海豚，潜得越深，跳得越高；毕业后要当老鼠，在哪里都能生存。这是很有道理的。像海豚一样去深潜，不仅要"潜入"到专业知识、专业理论的海洋，更要以"准职业人"的角色"潜入"产业文化、企业文化的内核，培养自己的职业素养。谁进入角色越深，谁就能越快做出自己的职业规划，越快适应所在的产业领域，也就越能抓住毕业后关键几年的黄金期，开启自己事业的高起点。高职在校学生，妙龄、单纯天真，你问他大学生活将怎么过，回答五花八门，很茫然。那么家长的期望是什么？相信大多学生总能听到家长这样的叮嘱："去了好好学习，听老师的话，不要惹事生非，把学习成绩搞好。"由此看来，学生本人对大学生活的安排与高中阶段没有什么区别，家长对应该怎样度过大学生活也不是很清楚。这就需要学生和家长都能够更新观念，调整心态，矫正狭隘的传统认识，早作规划与打算，提高高职大学生的学习效率。

高职生在校期间，不仅仅是抓好文化课的学习就可以了，或者只取得毕业证就万事大吉了，这对于"成为一个知识理论与专业技能全面发展的高级技能人才"的目标是远远不够的。有个例子，高职大学生 A，他学习刻苦，成绩优异，外语四级在大二时已经顺利通过，大三时正在争取过英语六级，同时面临就业。在一次招聘会上，同学们经过面试之后，招聘老师说"除了那个 A 同学不能录用以外，其他同学再考核比较一下，选择录用。"实际上是因为这个学生言谈举止表现出了他沟通能力上的缺陷和产业文化素养的缺乏。

对于一个 HR 来讲，经验固然重要，但还有三项标准才是更重要的。第一，人品最重要。正直、品质端正的人，是一个可以让公司信赖的人。第二，聪明才智和延展性，IT 行业需要一个人具有可挖掘的潜力。第三，个体本身的内在气质是否契合企业的文化，与整个公司企业的大环境应相适应。

一、高职学生全方位适应产业文化

大学生应该围绕几方面去学习和了解、适应产业文化。

1. 适应产业所需的人才素质

高职学生在学好课堂知识的同时，多渠道了解自己的专业特点、将来的工作去向、所属产业的人才需求状况、面对的岗位职责、应该具备的职业素质和所学的知识应用。在这个基础上，要明确自己的学习目标。其实，学生一入学就有必要到人才市场了解情况，并且从入学到毕业都要始终紧贴基层，紧贴企业，感受产业文化氛围。在此，要特别强调的是，我们的高职生一定要学会怎么样去学习。一贯长期的灌输教育使我们的一些学生已失去了自主学习的能力。举个很简单的例子。我们不少学生都曾写过或讲过"在那白色恐怖的年代里"这句话，但"白色恐怖"是什么？为什么不叫"黑色恐怖"或"红色恐怖"？大多学生不去想。问过几个大学生这个问题，竟然没有一个人答得上来。再比如，我们历史课本里讲"丝绸之路"，我们的祖先为什么要从西北方向打通出国之路而不从东面或南面？也没有几个学生答得上来。这些小学、初中就应掌握的常识，在我们一些学生的脑子里一片空白，或答"老师没讲过"，或答"从来没想过"。这是我们教育工作者的悲哀，更是我们学生的悲哀。忙碌的学习，换来的却是满脑子的懵懵懂懂。在这互联网时代，海量的知识随手可取，只需要点击鼠标就可轻易获得，但关键是：我们要有一个会思考的脑子。互联网就是一座全世界最大的图书馆，他摆在你面前，你不去用、不会用，那就是你的损失。尤其是对于信息产业，发展快，技术更新快，若想跟上它的步伐，更要随时关注书本外的知识和信息，包括向同学学习，向老师及长辈学习，向互联网学习，向报纸、杂志、广播、电视学习……懂的越多，自己的职业目标就越明确。

2. 积极参加产业文化教育活动

积极参加校企合作项目与院校开展的产业文化教育活动。在这些项目与活动中，了解企业文化，培养自己的环境适应能力、沟通能力、语言表达能力。院校应尽量选择一些优秀企业来合作。对"一张白纸"的学生来讲，如果最先接触的企业文化是优秀的，对他们职业生涯的影响就是积极的，反之，则是消极的或恶劣的。

3. 做好实训，为顶岗实习打基础

做好实训，为顶岗实习打基础。实训是检验专业知识和培养动手能力的关键环节，学生要把握好这个机会，增强自己的动手能力。动手能力是高职生的核心能力，也是迥然于其他类大学生的优势。一般来说，学生在实训中会有以下几个表现，老师应给予正确引导。

第一，好奇。在实训初期，学生普遍对陌生的实训场地、新鲜的实训课题存在着好奇心。指导教师对此首先应持肯定态度，因为这是学生求知的开始。指导教师应将一些技术图表、操作要领尽量挂在醒目的地方，以渲染实训的氛围。

第二，好玩。有相当多的学生对实训目的不明确，觉得实训课没有理论课重要，行动较为自由、散漫。指导教师对此应在强调纪律的同时，正确引导他们明确实训在本专业中的地位与作用。但教师的引导要和产业发展实际、职场实际相结合，切忌过于理论化。

第三，畏惧动手。一些学生缺乏实际动手经历，对陌生事物及操作过程中的安全存在恐惧心理，在实训中表现得畏手畏脚。指导教师应注意讲解操作规范并身体力行，循序渐进，多鼓励、多示范，适时表扬，切忌一次提出过多过高的要求。

第四，顾及面子。有的学生比较好学，也肯动脑筋，但就是怕在众人面前“丢面子”，明明有问题，可就是不愿问、不敢问，怕别人笑话。指导教师应注意保护学生的自尊心，主动进行问题诱导，让学生把问题说出来，要注意发掘其中的闪光点，并对其加以表扬。

第五，探索。大多数学生经过一段时间的实训后，对实训初期产生的一些想法已得到了部分验证，感觉颇有收获，学习兴趣也提高了。指导教师对此应积极引导，根据实训内容提出高一层次的要求，探索实践知识，提高动手能力，成为实训教学的主导力量。

第六，竞争与好胜。竞争可以大大调动学生实训的积极性和创造性，加速提高实训效果。指导教师应在实训内容的安排和组织上，有意营造和诱导竞争的气氛，比如分组开展实践任务，强调质量与速度等，但要注意“稳”，切忌急于求成。

4. 在实习中与产业文化“亲密接触”

在实习中，学生以“准员工”的身份在真实的生产环境中，进行生产实践，这对学生专业技能的培养与职业素养的养成起着关键的作用。高职院校学生的顶岗实习时间一般不应少于半年，这种较长时间的顶岗实习，要求学生必须尽快适应岗位，做好从单一学生角色向学生加员工双重身份的转变。

第一，学校方面。为了使学生更快地适应企业环境，必须加强教育引导，端正顶岗实习理念，强化顶岗实习过程管理，建立健全考核评价体系，使顶岗实习取得较大成效。需要注意的是，在顶岗实习之前，学校要对实习单位情况做深入考察，对工作时间、待遇方面全面了解，并向学生提供真实的情况，避免过于夸大其辞，使学生的想法过于理想，不利于学生实习期间的稳定性。

第二，学生方面。首先要正确认识到顶岗实习的目的和意义。在企业接受生产性实训对提升高职学生的职业素养有着积极的影响。由于 IT 行业具有明显的技术特征，拥有一支具备优秀职业素养的技术团队已经成为 IT 企业在激烈的市场竞争中兴衰成败的关键。所以，众多的 IT 企业都将具有良好的职业素养作为录用员工的首要条件。对 IT 企业而言，先进的技术可以引进，先进的管理经验可以借鉴，而培养员工良好的职业素养却不是一朝一夕所能完成的。这也是目前我国 IT 企业非常缺乏专科层次的实用型 IT 新生力量，高职院校的大量 IT 类毕业生却在为就业问题困扰的重要原因之一。因此，学生应高度重视实习环节，将其视为进入职场的“预演”。

二、高职学生培养企业文化适应能力是时代要求

现代高等职业教育需要学生应具备企业文化适应能力，大多数企业在招聘人才时都有一个重要的考核指标，就是人才对企业文化的适应能力。高职学生具备企业文化适应能力，是适应现代社会职业岗位动态发展需求的需要。随着社会的发展，职业领域的不断变换或同一职业

领域对能力要求的不断提升，对一个具体的社会人而言将会是一个频繁面对的问题。良好的应对心态、理性的思辨能力、准确的判断能力和坚韧的奋斗精神等综合人文素养将为高职生未来的职业发展奠定坚实的基础。

大学校园文化承载着使命和梦想，而企业文化则更强调任务和责任。在顶岗实习中，每一个工位的同学都应以员工的身份融入企业职场氛围，很快适应环境，了解企业文化。在工作中做到几点：熟悉企业质量体系，培养敬业精神；适应企业效率要求，磨练坚毅性格；参与企业团队建设，提高协作能力；分享企业生产成果，点燃工作激情；感知企业技术进步，培养创新精神。

【职业感悟】

例 1：[学姐说]

写给计算机专业学弟学妹的一封信

来源：希赛网>论坛首页>通信工程师考试>

中级：传输与接入>写给 IT 大学生们的一点建议

作者：zhengyu523 2009-01-11

首先说一说进入计算机专业的目的。我个人是因为十分喜欢 IT 业，很喜欢折腾电脑，所以在填报志愿时毫不犹豫地报了所有报考学校的计算机专业。我梦想着进入计算机专业后能遇见很多高手，能交到几个知己，谁料却大失所望。计算机专业的学生有很多对计算机不怎么了解，而且还有部分人进大学前连计算机都没摸过，对计算机熟悉的很少，高手更是凤毛麟角，大多数人是服从了父母之命。显而易见，目前社会最热的行业是 IT 业，工资最高的也是 IT 业，抱着这个因素，大多数考生的父母都让自己的孩子进入了计算机专业，而大多数学生也天真地认为从计算机专业毕业后就能够像电视里演的白领一样，每天坐在办公室和同事们聊聊天，和老板吃吃饭，每天签几个字然后就有高工资等着你去拿。

进校后他们才发现，其实他们在专业课方面什么都听不懂，自己也一点兴趣都没有，没有兴趣那就没有学习的动力。这个专业是要靠悟性的，而兴趣是培养悟性的第一步。然后他们会发现越往后专业课越难学，也越听不懂，好一点的学生会狠下心来，硬着头皮苦学一通，而不好学的就会就此放弃，只等着混考试、混毕业，找个单位安心上班。有些人上了几年学连自己上哪些课都不知道，哪个程序他分不清是用 C 语言写的还是用 PASCAL 写的，不小心进了 DOS 不知道怎么再回到 WINDOWS。但说起游戏来头头是道，好像每个人都是职业玩家一样，有的人每天只知道泡在网吧。这就是中国计算机人才下一代的悲哀！

再说说现在计算机专业大学生的学习和生活。大多数计算机专业的学生对本专业的发展及前景一无所知，每天都做着看小说、玩游戏、看电影、打牌、喝酒、睡觉等等很有“前途”的事情。偶尔看见一两个同学看看与计算机专业有关的书，跑去拿来一看，全是什么“游戏攻略”“黑客秘技”等。还有的人连C语言和C++谁是谁都没搞清楚，就拿本VC的书“刻苦钻研”，真不知他们看懂了没有。好多学生都买了电脑，但用处都是游戏机＋碟机＋音响，每天都在用电脑玩着各种流行的游戏、看着最新的大片、听着时尚的音乐，就是不用电脑学习。有的学生甚至问我电脑除了玩游戏还能干什么，我问他你为什么这么问，他告诉我他觉得电脑只能用来玩游戏，不知道还能不能干干别的什么。据我了解，近几年在国内好几所高校的计算机专业的毕业生的毕业设计竟然是做网页。在大学学了四年，学完了《数据结构》《软件工程》《C语言》等专业课后，竟然交了一个没有学过计算机的人自学一两天就能做好的东西！

这就是大多数计算机专业的学生。我在大学玩了两年之后，突然明白该为自己的未来打算打算了，但还有许多人仍然还什么都不明白，所以就有了这篇文章。

如果你是以上我说的那种受父母之命来学计算机的学生，如果你看了《计算机应用文摘》第15期的《写给想当程序员的朋友》一文后，发现自己没有当程序员的欲望，那么我这里有几条路给你选择：

1）学习网页制作，将来去网站工作！

2）学习3D MAX等软件，去作动画！

3）学习美术设计！

4）考个CCNA，去专业组网！

5）在保证能顺利毕业的前提下，去疯狂玩游戏，做个职业玩家或做一个或几个网络游戏的GM。（我身边就有这样的人）

6）以上五条都与计算机有关，要有一定的专业知识，但比起你的专业课简单多了。如果你看到这里还不觉得有适合你干的，那这条最适合你：在你们学校去修双学位，修一个自己感兴趣的专业，计算机真的不适合你！

如果你想当程序员，那么请往下看：

1）大学生活丰富多彩，会令你一生难忘，但难忘有很多种，你可以学了很多东西而难忘，也会因为什么都没学到而难忘！

2）计算机专业是一个很枯燥的专业，但即来之、则安之，只要你努力学，也会发现其中的乐趣的。

3）记住：万丈高楼平地起！基础很重要，尤其是专业基础课，只有打好基础才能学得更深。

4）C语言是基础，很重要，如果你不学好C语言，那么什么高级语言你都学不好。

5）C语言与C++语言是两回事。就像大熊猫和小熊猫一样，只是名字很像！

6）请先学习专业课《数据结构》《计算机组成原理》，不要刚开始就拿着一本 VC 在看，你连面向对象都搞不清楚，看 VC 没有任何用处。

7）对编程有一定的认识后，就可以学习 C++了。（是 C++而不是 VC，这两个也是两码事！C++是一门语言，而 VC 教程则是讲解如何使用 MFC 类库，学习 VC 应建立在充分了解 C++的基础之上。看 VC 的书，是学不了 C++语言的。）

8）学习编程的秘诀是：编程，编程，再编程。

9）认真学习每一门专业课，那是你的饭碗。

10）在学校的实验室就算你做错一万次程序都不会有人骂你，如果你在公司你试试看！所以多去实验室上机，现在错得多了，毕业后就错得少了。

11）从现在开始，在写程序时就要养成良好的习惯。

12）不要漏掉书中任何一个练习题——请全部做完并记录下解题思路。

13）你会买好多参考书，那么请把书上的程序例子亲手输入到电脑上实践，即使配套光盘中有源代码。

14）VC、C#、.NET 这些东西都会过时，不会过时的是数据结构和优秀的算法！

15）记住：书到用时方恨少。不要让这种事发生在你身上，在学校你有充足的时间和条件读书，多读书，如果有条件多读原版书，你要知道，当一个翻译者翻译一本书时，他会不知不觉把他的理念写进书中，那本书就会变得像鸡肋！

16）我还是强调认真听专业课，因为像《数据结构》《编译原理》《操作系统》等的这些课，老师讲一分钟能让你明白的内容，你自己看要看好几个月，有的甚至看了好几年都看不明白。

17）抓住在学校里的各种实践机会，为自己积累经验，就业时经验比什么都有用。

18）多去图书馆，每个学校的图书馆都有很多好书等你去看！

19）编程不是技术活，而是体力活。

20）如果你决定了要当一个好的程序员，那么请你放弃游戏，除非你是那种每天只要玩游戏就能写出好程序的天才！

21）你要有足够的韧性和毅力！有个高手出了一道题测试你的韧性和毅力：找个 10000 以内的素数表，把它们全都抄下来，然后再检查三遍，如果能够不间断地完成这一工作，你就可以满足这一条。

22）找到只属于你自己的学习方法，不要盲目地追随别人的方法，适合自己的才是最好的！

23）请热爱程序员这项工作！

以上的话有些是我的经验，有些是我从高手那里直接 COPY 来的，但它们都很有用，记住它们，并遵守它们，那你一定会成功！

对于大多数初学者来说，好多人有这种问题存在：我到底先学什么？学 C/C++？还是学 VC？还是学 Borland C++ Builder 呢？还是 Delphi？哪一个更好呢？学习程序设计和学习程序设计语言究竟是怎么一个关系？初学者究竟应该如何取舍呢？就这些问题，我从一个高手那里看了一段话，可以帮助在这方面有问题的人：学习程序设计就好比学习射击，而程序设计语言就对应射击中的气枪、手枪、步枪等各种枪械。学习射击必须要选择一种枪械，不可能没有枪还能学好射击的，也不可能同时学会使用所有的枪械。但是，如果掌握一种枪械的射击，再学别的也就触类旁通了。因为在熟悉一种枪械的同时，也学习了射击技术本身。再学其他的，自然事半功倍。学习程序设计也是一样，必然要从学习一门程序设计语言开始入手。在学会系统的编程理念之后，用什么工具都一样！

之所以写这篇文章呢，是因为自己眼看身边那么多的同学一个个都“不务正业”，荒废了学业，心急如焚，自己也荒废了好几年。眼看微软的 Windows 从 3.X 到现在的 2003 Server，而中国的软件业还是在原地踏步，难道我们真要每年等微软给他的操作系统换一次名字，我们给他交一次钱吗？这么大的利润为什么不留给我们自己，为什么不让别的国家给我们交钱呢？这是广大中国程序员的一个共同的梦，要实现这个梦的人是现在还在大学里的“准程序员”们，他们是中国软件明天的希望！希望广大计算机业的大学生看到这篇文章后，睡觉的能醒来，玩游戏的能停下来，在网吧的能出来，一起拿起课本，坐在电脑前，用程序写出中国软件业明天的辉煌！

例 2：[外企说]

IT 专业新毕业生缺乏的 7 种关键技能

来源：网界网　2012-10-17　作者：胡杨

刚刚毕业的学生能否轻松胜任 IT 工作，满足 IT 部门的要求呢呢？答案可能并不乐观，让我们一起来看看 IT 专业毕业生缺乏的 7 个关键技能吧。位于佛罗里达州北迈阿密滩的美国天然气与电气公司的 CIO 格雷格·塔费在过去的 6 个月里引进了 6 位员工并且正在寻求为其目前 20 个人的团队再增加 11 个人。他要招聘的职位包括一个 EDI（电子数据交换）程序员、一位风险管理程序员、一位 CRM 程序员、一位商务分析师和一位助理 IT 经理。

塔费表示，他怀疑新的大学毕业生能否轻松胜任上述工作岗位。本科生和研究生都不能满足企业 IT 部门的需求。

那么，塔费和其他 IT 领导人需要什么“更多的”能力呢？他们继续认为一些“软技能”是有价值的，特别是沟通技能、客户服务技能和理解如何专业地做工作。这些技能多年以来一直排在他们需求的技能列表的前面。

他们现在还遇到了具体的业务技能与技术技能直接的差距。据记者对IT经理的调查显示，他们需要新雇佣的人员在大学里就应该具有的一些技能。他们需要的新的IT毕业生具有的7个关键技能是：

1. 理解基本的业务功能

新的计算机科学毕业生可能可以编程。但是，他们理解应收账款、物流与运营或者营销计划吗？

总部设在伊利诺斯州道纳斯格罗夫的计算技术行业协会的总裁兼首席执行官托德·西伯德克斯（Todd Thibodeaux）说，他们不理解任务计划，不能针对应收账款、物流与运营或者营销等任务进行有效编程。

虽然IT课程在毕业生水平更够更好地让学生进入商务课程，但是，仍然存在着知识差距。业界人士指出，让员工理解所属企业的商务工作流程是非常重要的。

2. 拥有企业系统集成的经验

无论哪个专业的大学生都有许多计算机经验这是无可争议的。但是，西伯德克斯说，这个经验并不意味着大学生学到了企业使用的IT流程。

他指出，大多数计算机科学专业的大学生在学校里学习如何制作自己的应用程序和系统，尽管企业通常不需要这种经验。当大学生进入企业领域的时候，需要制作自己的系统的机会很少，更多的是如何集成系统。

3. 拥有新兴企业技术的知识

商务智能和云计算是目前企业IT经理摆在优先位置的两个新兴的技术趋势。但是，这些课题到目前为止还没有进入大学的课程表。

位于宾夕法尼亚州哈里斯堡的IT人力资源公司Modis的高级副总裁马蒂·西尔维斯特（Marty Sylvester）表示，大学能够提供许多课程。但是，由于技术变化太快，因此，大学在开展新趋势的课程方面是滞后的。

西尔维斯特说，他听许多CIO说，要找到一个受过新兴企业技术培训的年轻人是很困难的，特别是受过云计算相关知识培训的年轻人。

4. 基本技术知识

位于密执安州奥本山的软件厂商Dassault Systèmes的IT系统主管杰夫·鲍登（Jeff Bowden）表示，随着IT技术不断进步，他发现大学生处理简单技术任务的能力下降了。他说，我们发现的一个差距是大学不教真正的基本知识。

鲍登需要新雇佣的人员拥有低级的技术技能，知道命令提示符，理解批处理脚本或者在鼠标没有响应的时候知道如何修复一台PC。

鲍登说，他经常让新雇佣的人员搞清楚在面临基本的技术问题的时候如何依靠自己解决问题。我们喜欢的做法是让他们学会如何做这个事情，用谷歌搜索等等。然后，他们就掌握了这个知识。

5. 熟悉传统的系统

Modis 公司的西尔维斯特称，企业正在寻求能够操作传统的系统的人。他们要求技术工人了解 Cobol、客户信息控制系统（CICS）和其他大型机技能。但是，大学已经不再教这些技术了。

人们确实担心，由于大学不再教大型机技术，随着人口激增时期（1946－1962 年）出生的人退休，某些大型机技能将消失。一些企业要求他们传统的厂商直接在现有的系统上培训新雇佣的人员。业内人士表示，支持传统系统的技能对于许多大型机构、公司、政府部门和服务提供商是有市场的，尽管最近的毕业生因为太年轻而看不到长期的机会。

6. 现实世界的观点

位于缅因州莱温斯顿的 Geiger 公司首席信息官戴尔·德纳姆（Dale Denham）称，根据他的经验，新的大学毕业生倾向于以隧道的方式思维，集中在最佳技术方面，不考虑什么最适合该公司的财务局限性或者员工。

德纳姆称，他们不知道如何平衡 IT 与业务的需求。他们可能没有意识到做任何事情的成本、需要耗费的时间和需要的技能。

德纳姆说，他要努力地让新雇佣的人员回到现实世界中来，向他们说明为什么他们的设计没有得到批准，尽管这个技术是很好的。

7. 像一个团队一样工作的能力

提出这个能力可能让人感到意外，但是，一些 IT 负责人表示，沉浸在 Facebook、Twitter 和其他在线社区中的这一代人在工作场所不善于建立同样的协作精神。

位于佛罗里达州 Viera 的咨询和培训公司 SEBA 解决方案的总裁詹姆斯·布朗（James T. Brown）说，有些大学正在设法消除这个差距，他们向一个团队分配任务而不是向单个学生分配任务。但是，在团队中的学生通常把任务分成单个的部分，每一个学生仅做自己的部分。

布朗称，只有少数公司为自己的员工（包括技术人员）提供强大的领导和建立团队的培训课程。但是，提供这种培训的企业认识到，当员工能够很好地相互配合工作的时候，企业能够得到员工的全面价值。

例 3：[教师说]

从企业需求层面分析电子类学生职业素质的培养

作者：十堰职业技术学院电子工程系　陈明超

科学技术的发展日新月异，中国已成为世界电子工业大国，电子信息技术与众多的电子产品已广泛运用于社会的各个领域。随着技术引进和技术改造，新的产业和职业不断涌现，为高职电子类学生提供了更多的就业机会。但随着自动化程度的提高、高校招生规模的扩大、外籍工人的拥人等状况的日益加剧，就业竞争也将日益激烈，如何提高自身的核心竞争力?企业最看重的是什么?这些都是高职电子类学生更为关心的问题。

宁波明昕微电子股份有限公司（以下简称明昕公司）是由北京大恒新纪元科技股份有限公司、宁波电子信息集团公司、香港科恒实业有限公司和宁波科技园区合泰科技投资有限公司等5家公司投资建立的外商投资股份制有限公司，成立于1992年，是一家专业从事半导体器件的研究、开发和制造，系国家级高新技术企业。明昕公司始终秉持“诚信勤俭、精益制造”的核心文化理念，以期达到“成为中国最有竞争力的功率半导体器件制造企业”的远景规划。作为电子行业的潜力股和绩优股，高职电子类毕业生的对口就业单位，明昕公司目前已与国内二十多家高职院校合作办学，用“校企人才共育”的方式缩短人才培养周期。随着公司规模的扩大，劳动力需求急剧增长，2011年，在公司提供的29个招聘岗位中，电子类的专业要求有24个，其岗位职责对高职电子类学生的职业素质提出了相应要求：如软件工程师必须对硬件有一定的了解，能看懂一般的电路设计图；流利的英语书写及交流能力，能阅读和理解英文数据；具有良好的团队意识和沟通能力、敬业精神；熟悉Java、JNI编程，熟练掌握相关开发工具（e. g. Eclipse，Ant）；熟悉C/C+ +编程或和Linux kernel；具备Embedded Linux、Android平台开发经验或有Marvell、Qualeomm芯片解决方案开发经验的优先。其他岗位也都有诸如具有良好的组织、协调、沟通、应变能力和团队协作精神，能承受较大工作压力；吃苦耐劳，较强的责任感与敬业精神；熟练使用Office、AutoCAD和Internet等应用软件及与工作相关的英语书写及交流能力；有成本意识和服务意识等。

结合企业需求，我们应培养高职电子类学生具备以下几项职业素质：

1. 良好的思想道德素质

思想道德素质在人的综合素质中是起主导作用的，决定着人的言行和方向，职业道德是其不可或缺的组成部分，也是对职业人最基本的道德要求。职业道德是指从事一定职业的人在特定的工作和劳动中以其内心信念和特殊社会手段来维系的，以善恶进行评价的心理意识、行为原则和行为规范的总和，是社会道德在职业生活中的具体化。一般包括：文明礼貌、遵纪守法、爱岗敬业、诚实守信、办事公道、勤俭节约、团结互助等基本要求。从这个概念中我们不难看出，良好的职业道德其实是人格的一种反应，简言之就是人品。尽管不同的行业、职业和岗位的责任和义务不同，具体特定的职业道德规范也有差异，但无论从事什么职业，职业道德是一个职业人必须遵守的。比如电子行业的芯片，体积小、精度高、作用大、价格贵，若没有勤俭节约的成本意识，会将巨大的浪费掩藏于无形之中。因此，高职学生在校期间必须充分利用顶岗实习、社会实践和学习、生活等机会，着力培养自己良好的职业道德。

2. 良好的学习与创新能力

俗话说“熟能生巧”，在此借用为“学习”与“创新”。科学技术的飞速发展、传播与转化，缩短了知识更新的周期，因此没有作何一种形式的教育可以满足人的终生发展需求，也没有任何人可以一直生活在陈规里。“十大管理大师之一”的彼德·圣吉被誉为“学习型组织之父”，他在“21 世纪的管理圣经”—— 《第五项修炼》中提出：未来成功的企业将会是“学习型的组织”，因为未来唯一持久的优势是有能力比你的对手学得更快。随着现代职业划分的精细化程度提高，没有一技之长和创新思维的人很难在激烈的竞争中胜出，尤其是电子行业的发展更是日新月异，如果没有扎实的专业知识、专业技能和大胆奇异的想法，不可能成为一个合格的专业工作者。因此，高职电子类的学生更要有良好的学习能力和创新意识，自觉学习与意向职业有关的知识，积极参加专业实践，苦练专业技能，提高自己的知识储备量和技能娴熟度。广泛涉足行业、专业最前沿知识领域，从不同的角度去思考创新，以适应社会及行业的快速发展和变化。

3. 良好的理解与沟通能力

沟通在社会生活中无处不在，与其说是一种职业能力，不如说是一种生存方式，既包括阅读、理解、倾听、思考、学习等多种思维活动，还包括仪表、举止、表情、声调等直观形象。如果一个人做了很优秀的工作，但因为不会沟通而无法让更多人去理解和分享，其自身成就感也会大大降低。随着现代化程度的提高，人们之间的沟通方式也呈现出多样化特征，为少部分青年学生带来的直接后果是不敢、不会在公开场合讲话，与人交流不能达到预期效果。不可否认，文字交流也是一种沟通方式，但毕竟要受很多现实条件的制约，因此有效的口头沟通会更为方便快捷。随着国际交流的加强，科研成果的共享日趋增多，“高精尖”的电子类产品及设备在世界范围内的交流更为广泛和快捷，也为我们电子行业的工作者提出了新的要求。公司的多个岗位要求中均提到“英语听说良好，读写熟练”“有良好的沟通能力”等，这就要求高职电子类学生要有比较全面且良好的理解与沟通能力，才能像电子类产品一样走得更远站得更高。

4. 良好的合作精神和管理能力

原微软公司副总裁李开复博士在《给中国学生的一封信》里说：“对于一个集体、一个公司、甚至是一个国家，团队精神都是非常关键性的。微软公司在美国以特殊的团队精神著称。像 Windows 2000 产品的研发，有超过 3000 名开发工程师和测试人员参与，写出了 5000 万行代码。如果没有高度统一的团队精神，没有全部参与者的默契与分工合作，这项浩大的工程是根本不可能完成的。”在今天，无论从事什么工作也都离不开别人的支持，“携手，难事可为；掣肘，易事难成”，说明精诚团结是营造集体共生共赢的重要条件。一个能与他人、集体高度相融且愉快合作的人，其决策判断、协调安排、谈判技能、解决问题等能力也不会太差，在一定的环境锻炼下会很快成长为管理者。电子行业的精细已不容赘述，其团队合作精神的要求会更高，只有从学生时代清醒地认识到这一点，及早参加、组织校内外系列活动，与不同的人合作完成不同的工作，博采众家之长，才会适应工作的需要。

5. 良好的身心素质

良好的身心素质包括健康的身体素质和健全的心理素质。生活节奏加快，生存压力增大，如果没有健康的体魄做“本钱”和健全的心理做“脊梁”，就很难胜任今天的学习和明天的工作。因电子行业的特殊性，有很多岗位对员工的身心素质均有明确的要求。高职电子类学生更应保持良好的生活习惯，积极参加有益于身心健康发展的体育锻炼和社会活动，以增强体质和磨练意志。自觉学习心理健康知识，构建自身的心理防御系统和外界的支持系统，及时合理排解自身的不良情绪，以增强自身社会适应能力和工作承受能力。

例 4：[媒体说]

职业院校学生实习路在何方

中国青年报 2012-6-20

随着职业院校又一届学生进入实习季节，职校生实习的问题再次引发全社会的关注和思考。

6 月 4 日，本报刊发《职校生实习挑动了社会哪根敏感神经》一文，以贵州工业职业技术学院学生与校方在实习教学中的认识分歧为例，报道了社会对职校生实习的关注和职业院校在实习教学中遇到的困惑。

有评论认为，社会对职校生实习的关注，主要体现在学生实习过程中的权益维护上：是不是在实习岗位上充当廉价劳动力，是不是真的在实习中学到职业技能。这两个问题也伴随着“学生工”丑闻，不断挑动着社会的敏感神经。

面对经济和社会的复杂变化，职业院校如何合理安排学生实习，职校生该怎样面对自己的实习生活，社会又能为职校生实习做些什么？

1. 实习在职业教育中的比例还应提高

在范唯眼里，实习就是职业教育“灵魂”般的东西。这位教育部职业教育与成人教育司高职与高专教育处处长一直认为，倘若实践教育不贯穿在职校生 3 年的学习生活中，那职业教育的整体设计就存在缺陷。

“一个厨师天天埋头看书就能做出美味佳肴吗？”看完纪录片《舌尖上的中国》“厨房的秘密”那一集后，范唯非常认同那位在职业学校从事教学工作的大厨的做法——厨师从不会到会的过程源于实践特别是实习，实习的过程渗透着职业素养、职业精神、职业态度的培养。

教育部职业技术教育中心研究所研究员姜大源认同范唯的观点。在姜大源眼里，目前国内中等职业教育通行的“21”（两年理论学习加一年实习——记者注）和“1.5-1-1.5”（一年半理论学习加一年半实习）培养模式中，实习教育的比例依然偏低。

姜大源自上世纪 80 年代到德国做访问学者以来，长期关注德国的职业教育，他发现德国的职校生仅有 30%的时间在校学习理论，70%的时间在企业里的“企业教育中心”实习，“实习课程设置还要求，必须到两个以上的实习地点参加实习工作。”

“企业是招生，不是招工。”姜大源说，这些企业教育中心与学生签订的是教育合同，而不是劳动用工合同，学生的实习教学和企业正常的生产运转是分离的。现实的效果是，在德国接受过职业教育的学生大都具有很强的动手能力，完成学业以后就能成为一名技术工人。

姜大源认为，职业院校的定位应该是培养技术工人，而不是培养科学家和工程师，要培养一个具备实际操作能力的技术工人，就要保证足够的实习时间和实习质量。

“德国的经验告诉我们，实习在我国职业教育中的比例还应该提高。”姜大源对中国青年报记者说，“爱迪生是怎么出来的？一次又一次实践做出来的。”

2. 没有明确教学目标的实习是“伪实习”

学校安排的实习和所学专业“不对口”，是经常引起职校生质疑实习的导火索，不少学生认为这是自己“被实习”的表现，甚至质疑学校、老师从中牟利。

范唯认为，这个问题应该回归教学的本质来分析。她曾经做过一个调研，请职业院校的老师在上课前写下自己的教学目标，课后再请学生写下这堂课到底收获了什么，结果发现，老师想教的和学生体会到的往往差别很大。

“问题出在了我们的教学上，一堂课究竟能不能达到老师的教学目的？”范唯分析说，实习教学也如此，老师应该主动评估实习教学课程能不能达到想要的目的，如果不能，就该想着改变。

对于实习和专业“不对口”的问题，范唯认为不能“一刀切”地说对与错。一个“985”重点高校的例子让她记忆深刻——这所以工科见长的学校逐渐发展起贸易、会计、新闻等专业学科，但学校要求这些非工科的学生必须学习工科的基础课程，实习也必须进入工厂的生产一线。

校长对这些绝对的专业“不对口”实习的解释是，理解工厂、企业的工作流程和一线生产，对学贸易、会计、新闻的同学都是一种积淀，从工科学校走出来的文科生要具备“工科背景”，才能在社会上有竞争优势。

从这所大学文科学生走上工作岗位后的情况反馈来看，实习的效果让这位校长满意。

专业“不对口”的实习到底有没有意义？

范唯给出的答案是，需要看这样的实习有没有完备的教学计划，学校必须跟学生沟通每一个实习岗位的教学目标，让学生清楚需要在实习中收获什么能力。21 世纪教育研究院副院长熊丙奇认为，实习岗位如果不与教学目标相吻合，就是“伪实习”，学生很可能沦为廉价劳动力。

熊丙奇对中国青年报记者表示，面对越来越多的实习争议，职业院校的实习教学设计应该实行“全透明”运行，即学校、学生、实习单位三方透明，同时必须让学生参与实习教学课程的设计，而不是老师自己就决定了实习教学的一切。“现代教学管理中最重要的‘学生自治’理念，应该在职校生实习的环节中发挥更大作用。”熊丙奇说。

3. 个性化的实习需求将给职校更多压力

从十几年前老师让学什么就学什么，让去哪里实习就去哪里实习，到现在学生开始关心某个岗位的实习对自己到底有没有帮助。范唯认为，这是时代在进步的缩影，而一个值得高度关注的发展趋势是，职业院校会越来越多地遇到个性化的实习需求。

近几年，本科生到职业院校“回炉”的案例屡见不鲜，这些本科生进入职业院校的目的并不是学习理论知识，而更看重实习教学的环节，传统的教学模式无法满足这部分学生的需求，如何满足这部分同学的个性化实习需求，已经成为不少职业院校正在面临的新问题。

采访中，记者了解到，另一种“自己定制实习”的例子也比较常见。

在一些家族企业中，长辈为晚辈设计的职业规划就是接手家族企业，家长和学生的目标非常明确，学生理论学习之后需要的就是回到家族企业实习，熟悉家族企业的一切。如何为这样“自己定制实习”的学生设计个性化的实习教学计划，也是让职业院校老师操心的问题。

范唯还发现，一些在生产一线工作了几年的技术工人，也开始热衷于到职业院校“回炉”，他们普遍的情况是有丰富的实践经验，但理论基础比较薄弱，需要的是系统学习知识，培养自己走上管理岗位的能力。“这样的学生再回到一线实习，对他个人的学习来说意义在哪里？非常值得思考。”

熊丙奇认为，这样的个性化实习教学方案，以学生为主，老师、企业辅助设计的方法最为可行，这是真正对学生负责任的表现。

根据自己看到的众多案例，范唯深切感受到，老师的每一步教学如果都能关注学生的感受，学生也能和老师充分互动，那么教学的效果会非常好。可现实是，教育者往往不是特别关注学生的感受，许多学生也不愿意主动跟老师交流自己的感受，这就会形成一层天然的隔膜。

“所以会有很多学生感到迷茫。”范唯认为，没有必要每天在嘴上喊着教学改革的口号，企盼一场翻天覆地的教学改革，现实更需要教育工作者天天都在想着“变”，在点滴中渐变，使教学更贴近学生成长成才的需要。

4. 学生实习需要更多企业履行社会责任

除去教学的问题以外，学生在校外的实习基地难以寻找，这是职业院校存在的普遍问题。

贵州工业职业技术学院城市建设与管理学院副院长李秀丽记得，2008 年，学院希望寻找一家大型连锁经营的企业成为实习基地，在贵州省内寻找四处碰壁之后，她通过 2006 级学生与杭州一家大型连锁超市取得联系。

带着32个学生坐上从贵阳到杭州的火车时，李秀丽接受的条件是企业不提供路费、食宿费、学生保险费，只接收学生实习。因为学院资金困难，李秀丽用两万元积蓄垫付了学生的生活费，学院4位领导凑了每人2000元的年终奖，院长吴荣从家里拿了两瓶茅台酒给李秀丽带上，到杭州请企业负责人吃饭。

“企业接受学生实习真难，经常求爷爷告奶奶，还没好脸子看。”李秀丽说，作为分管学生实习的副院长，这是她工作的常态。

在姜大源看来，现在国内职业教育的大环境和德国的差距非常大。“德国的职业教育法针对企业在职业教育中的社会责任作了明确的要求，有一定资质的企业才能成为职校的实习基地。”姜大源说，企业认为这是在履行社会责任，政府为这样的企业提供大量优惠政策，有“企业教育中心”的企业在德国拥有至高无上的荣誉。

姜大源分析说，职业教育本身就是一种“跨界的教育”，主体应该是“学校企业”，而目前国内的法律法规中，只对学校进行约束，并没有对企业产生约束或激励。

他举例说，比如一个企业使用职校“学生工”当廉价劳动力，一经查实，责任人该受到什么样严重的刑罚，企业受到什么严重的处罚；什么样的企业有资格进行职校生实习教育，建设企业教育中心需要什么门槛；企业在成为职校实习基地后，可以获得什么样的荣誉，税收享受什么样的优惠政策，政府会主动为企业做什么，一系列问题都没有严格明确的法律规定。

“企业愿意花3个亿去做广告，也不愿意花1个亿做职业教育。”姜大源无奈地说，这是国内当前的普遍情况，之所以国内大企业不热衷于做职业教育，还是社会对职业教育认识不够，“人们依然认为科学家、工程师就比技术工人高一等。”

第十六章　高职学生就业期间对产业文化的适应

激烈的职场竞争所形成的职业适应性问题，已经影响到高职毕业生的就业和今后的职场发展。如何有效地提升高职毕业生职场适应能力，使其能够在激烈的职场竞争中胜出，这是摆在高校和毕业生面前的一个新的课题。职业适应性是每一个准备走向工作岗位与从事社会活动的高职毕业生必须会面对的一个重要问题。因为能否尽快适应职场变化与需要，不仅决定高职毕业生的就业能否成功，也对其今后的职业发展与成长具有十分重要的影响。说到底，职业适应性实质上是“产业文化适应性”，刚入职场的高职毕业生如何去适应产业文化、职场文化？下面先从高职毕业生主要存在的几个问题讲起。

一、高职毕业生在职业适应性方面存在的主要问题

1. 高职毕业生自身素质与职场要求之间的差异

（1）职场现实与高职学生职业期望值之间的差异。高职毕业生在即将步入职场时都充满信心，期望在自己的第一份职业岗位上有所作为并得到不错的薪酬。可是，在步入职场实习时，往往被指派做一些技术含量较低、重复性的工作。学生和家长均认为自己是大学生，如今只是一名普通员工；学的是热门专业，但却没有得到期望的薪酬和岗位。职业期望值有较大的落差感，让很多高职毕业生难以适应。

（2）职场要求与自身承受力之间的差异。高职毕业生在校三年期间学习到的知识及自身具备的能力毕竟有限，很多知识和能力需要在工作实践中学习、锻炼和提高。虽然是职场新人，但也要对自己的言行和工作负责。因为工作中任何过失和错误都可能给本单位造成损失，而不可避免地要受到领导与同事的指责。学生在学校往往忽视学校及教师的管理教育，而且犯错误能够能到学校及教师的谅解。但在职场里，公司会要求毕业生必须遵守公司的严格的规章制度，犯了错误往往得不到原谅。高职毕业生要具有很强的适应性及心理承受能力。

（3）表现为职场竞争与自身能力之间的差异。高职院校的学生在学校里的竞争与压力相应比较弱，通常来自学业上以及同学之间偶尔的竞争也是个别范围内的，而且这种竞争不会影响生存。但是职场中的竞争与压力相比学校要强烈得多。首先，职场上存在着有可能被取代的竞争，公司每年都要引进很多新人，并有一些员工被辞退；其次，职场上存在着争取理想职位的竞争，公司是根据业绩来考核员工，并以此为依据对员工进行晋升或加薪，要求毕业生必须具备足够的竞争力与适应能力。

2. 高职毕业生的表现与用人单位的期望之间存在差距

用人单位在接收使用高职毕业生后，发现自己辛辛苦苦招来的高职毕业生并没有想象的那么优秀，在工作岗位上他们没有发挥应有的作用，有时还起一些反作用。首先，高职毕业生工作责任感与合作意识差，有的人眼高手低，不愿从基层做起，缺乏合作意识，喜欢单打独斗；其次，高职毕业生不注重细节，上班有时迟到，接电话用语不当，办公桌上堆得乱七八糟等，缺乏基本的社交礼仪；再次，高职毕业生心理承受能力差。在工作中做错事经不起领导的责问，工作中缺乏恒心与毅力，稍有不顺心就轻易放弃；最后，高职毕业生人际关系处理能力差。在工作中不能很好地处理与同事之间、领导之间、客户之间的关系，不能很好地融入企业文化之中，不能有效地开展工作。

3. 高职院校缺乏对毕业生进行及时的职业适应性指导

高职院校在对毕业生就业后调研发现：第一，由于部分毕业生理论与实践脱节，实践动手能力较弱，造成他们到实际工作岗位后学非所用，无法发挥其才能，工作积极性与信心都受到很大的挫伤；第二，部分毕业生奉行“先就业再择业”的心理，到工作岗位后不能踏实工作，心情浮躁，无心学习，贪图享乐；第三，在社会适应能力的培养方面，由于高校缺乏对高职毕业生人际关系能力的培养，致使他们进入职场后人际关系紧张，产生岗位的不适应性；第四，部分毕业生对自己从事的职业缺乏全面的了解和明确的职业目标，他们的综合素质与用人单位的要求还有一定距离，工作一段时间仍不能很好地适应职场的需要；第五，毕业生就业后与母校缺乏有效沟通的桥梁，出现职场不适应性后，无法有效地与母校进行交流和沟通。

二、高职毕业生应该具备的适应职业转变的三大能力

1. 角色转变的能力

角色转变的能力，即具备从学生角色向职工角色转变的能力。高职毕业生对学生角色的体验，使其在思维方式和工作方式上都养成了相对固定的习惯。在职业生涯开始之初，许多人常常会自觉或不自觉地把自己置身于学生角色中，以学生角色的习惯方式待人接物，来观察和分析事物。因此，毕业生应尽早做好准备，通过在校期间的实习实践，毕业前夕和实习期间有意识地为自己的角色转变打下良好的基础。同时，对自我、对社会和即将从事的职业发展进行较为深入的了解和分析，调整自身职业期望值与心态，尽快树立新的意识，形成新的职业观念，将自己当做公司的一员来看问题、想问题、处理问题，使自己具备适应角色转变的能力。

2. 心态转变的能力

心态转变的能力，即具备从学习知识转变为积累经验的能力。毕业生要能及时调整心理落差，即从学生时代的“天之骄子”过渡到工作单位的“基层人员”，从“一枝独秀”过渡到“精诚合作”。高职毕业生进入企业后，以平常心态看待工作、看待同事，不要总是急于表现

自己，随意抱怨单位。毕业生要认真地实事求是地分析自己对工作岗位的理解与认识，调整自己的职业目标，热爱自己的工作岗位。另外，要清楚，企业强调的是结果，谁能出业绩谁就是好样的，这与毕业生的学历和来自什么学校无关。

3. 行为转变的能力

行为转变的能力，即具备从学习转向学会执行的能力。对企业来说，战略可以复制，差别在于执行，没有执行力就没有竞争力，执行力就是一种工作态度。高职毕业生进入职场要明确自己的职业目标，并了解与配合单位的发展目标，遵守公司的各项规章制度。只有树立良好工作责任意识，学会和提高执行能力并使之成为自身一种良好的习惯，才能在今后的职业生涯中取得成功。

三、提升高职毕业生就业后职场适应能力

1. 高职毕业生要主动适应职场需求与变化，努力提升职场适应能力

（1）建立和谐的人际关系，树立职业形象。高职毕业生进入工作岗位后，要处理好与同事、客户和上级之间的人际关系，并树立良好的职业形象。和谐的人际关系不仅可以营造一个宽松的工作环境，提高工作效率，也更有利于自身职业的发展。首先，要提高沟通能力，力求游刃有余地处理好人际关系，做到兼顾原则性和灵活性，达到沟而能通；其次，人际关系不进则退，要注意随时进行调整，培养自己的应变能力，增进良好的人际关系；最后，良好的职业形象既是职业的体现，又是职场从业人员素质和水平的象征。高职毕业生要通过整洁的外表、正直的为人、出色的业绩塑造良好的职业形象。

（2）个人的职业目标与就业环境相结合。当个人职业计划与就业单位的实际情况可能部分一致，或在感觉上完全不一致的时候，就会出现个人职业目标与就业环境的碰撞。但是，作为刚参加工作的毕业生应客观和冷静的分析与看待这种碰撞，积极主动的调整自己职业计划以尽快适应职场。首先，是自我价值的认识与心态的调整。应正确定位自己并调整好心态，避免眼高手低，要学会忍耐，踏踏实实地工作，才能使自己得到充实与提升，并获得发展的机遇。其次，个人职业计划的调整。了解就业单位的职业计划特点或领导意图，适时地调整个人职业计划。最后，员工个人的职业发展要服从企业的职业规划。职业规划要达到员工与企业的“双赢”的效果，员工要把企业发展对人员的要求作为职业生涯规划的落脚点，为此，要协调好组织规划与员工个人意愿之间的关系，要充分利用企业为员工提供的发展空间，贯彻企业的意志，落实个人的职业生涯规划。

（3）提升学习能力，实现职业目标。高职毕业生已经具备比较扎实的专业知识与技能，但是社会角色的适应是一个不断的自我学习与自我完善的过程。作为高职毕业生在高学历层次中属于较低层次，所学知识和技能与实际工作需求之间存在一定的差距，所以，高职毕业生须

经常“充电”，以适应经济发展和岗位技能变化的需要。通过工作实践经验，可以更有针对性地进行学习与培训，并选择适合自己的充电方式，提高学历水平，提高自己的能力与竞争力，只有这样，才能在职场中立于不败之地。

（4）重视岗前培训，尽快适应职场。岗前培训对于刚刚走上工作岗位的高职毕业生提升职场适应性是非常重要的。首先，岗前培训不仅仅是让新员工了解单位基本情况，熟悉规章制度和工作程序，更重要的是通过岗前培训来树立团队观念，培养新员工的人际协调能力和奉献精神等。其次，岗前培训可以增加高职毕业生的职业经验，在第一工作岗位中学习增长职业知识，提升职业能力，发展职业技能，培养职业道德，树立职业榜样等。因为只有了解了企业内部的管理规则后，毕业生才不会因此而感到困惑、受到伤害，才可以按照企业的要求与愿望去发展和行事。从某种意义上讲，岗前培训可以直接反映新员工的素质高低，因此，单位都非常重视，并以此择优录取，分配岗位。事实证明，很多毕业生就是因为在岗前培训期间显露才华、表现出色而被委以重任的。

2. 用人单位要为毕业生提供条件与机会，使其尽快适应职场和融入企业中

（1）加强岗前培训，协助毕业生自我规划，提升其职场适应能力。对于刚刚进入用人单位的高职毕业生来说，通常都对将要从事的具体岗位感到陌生，显现出各种不适应的反应。首先用人单位应有针对性地对毕业生进行上岗前的培养与训练，使毕业生了解职场上各种显规则和潜规则，学习处理办公室人际关系的技巧，了解职场加薪规则、工作方式和企业文化，最大化地提升自己的工作能力，尽快熟悉本职工作。其次，用人单位要协助毕业生进行自我评估，自我规划，要提醒毕业生在工作岗位上有意识地发现自己、分析自己、总结自己。当毕业生可以最大化的了解自己时，就会发现自己适合发展的职业方向与工作岗位。有了职业方向，用人单位就可以据此找到毕业生个人发展同用人单位发展相结合的地方，达到双赢的目的。

（2）提供机会，帮助毕业生走出职业困境。首先，毕业生经过培训锻炼后，用人单位应在毕业生能力范围内适时安排其在创新能力、技术水平等方面具有一定挑战性的工作，让毕业生初试其能力，独立完成具体工作任务。在必要时给予适当指导和帮助，使其顺利完成任务，增强信心。对工作任务完成出色者，应给予表扬、奖赏等正面激励。当个人能力与具体工作岗位的要求不匹配时，用人单位应尽早识别，可以考虑在内部进行转岗，使其能发挥优势。其次，要选好毕业生上岗的第一任主管。毕业生工作后的第一任主管是其进入组织后的第一任老师，也是用人单位文化的代表，其言传身教和对待毕业生的态度非常关键，对毕业生今后职业发展影响极大。

3. 高校要对毕业生进行后续服务与指导，不断提升毕业生入职后的职场适应能力与竞争力

（1）建立毕业生就业后调研与信息网络建设。高校在毕业生就业后定期派人或采取其他方式到用人单位了解毕业生工作及发展情况。通过与毕业生座谈等各种形式，了解其职场适应

程度与要求。通过建立科学的毕业生就业后信息网络平台为毕业生就业后与母校的联系和沟通提供稳定的渠道，也使母校了解毕业生就业后的职场发展情况以及因职场变化而产生新的需要等情况，也为学校的发展与教育改革提供参考依据。

（2）提供后继服务，以增强毕业生可持续发展的后劲。高职毕业生在工作中自感知识和技能需要充实与更新，以提升职场适应能力和应对职场变化，可以向母校申请旁听或参加有针对性的短期培训，接受母校的一对一的个性化指导服务，以谋求更好的职业发展与成长。由于高校毕业生在高学历中属于较低层次，毕业生需要进一步提升学历，母校应提供力所能及的帮助与指导，以增强其职业适应性，使毕业生在职场发展中获得可持续发展的动力。

高职院校要培养适应企业文化的人才，应让校园文化与企业文化有机融合，以达到陶冶学生情操，提高学生的职业素养，使其顺利实现从“校园人”向“职业人”的过渡。校企双方只有加强文化交流与互动，促进文化的交流，更好地发挥文化育人功能，才能为社会培养更多更好的高素质创新型人才。

第十七章　高职学生职业成长期间与产业文化的融合

IT 行业从业人员的流动性较强，很多人频繁地从一个公司跳槽到另一个公司。但是，如何保证每次环境的变化都能够给自己带来更好的发展，需要下功夫深入研究一下自己的职业发展特征。

我们都知道“温水煮青蛙”的故事。一些原本很优秀的人，到了一些组织环境中以后，通常由于缺乏危机意识，在一些安逸的岗位上，不仅没有学到新知识，还把原来的专业荒废掉了。比如有人做了几天网络管理员，做了几天客户服务，又做了几天 Java 程序员，没有固定的目标，缺乏有效的职业发展规划，久而久之，成为一个每样都懂一点但都不精通的人。身边的人一个个都在各自的岗位上干出了成就，而自己还是底层工作人员一个。

一般来讲，毕业生新入职多数从事技术性工作，经过一段时间锻炼后，逐渐从基层岗位向高级岗位发展。很多公司的高级管理人员和高级工程师都是从最底层的技术岗位干起的。那么，是不是所有程序员或者设计师最后都能成为 CEO 或者总工程师呢?答案当然是否定的，但有一点是肯定的，就是只要树立坚定的信念，规划好自己的职业发展方向，付出努力，一定会获得职业的提升。那么，IT 从业人员应该如何规划自己的职业发展，才能获取职业生涯的成功呢？

1. 要有明确的发展方向

大部分从业人员缺乏的就是明确的目标。一方面，刚毕业的学生在刚刚参加工作的时候，有很多技术需要学习，也有很多工作需要做，每天都在加班中度过，很少有时间来考虑自己的发展方向；另一方面，由于 IT 行业技术淘汰快，从业人员无论是主动还是被动都需要经常学习，因此，即使制定了发展方向，也难以有时间实现。这就要求我们要有意识地去确定明确的发展方向，根据制定的发展目标，把眼前的学习和工作分类，有意识地选择学习。通过有意识的学习，提高自己在这些方面的技能，从而实现自己的发展目标。

2. 不断进行自我分析

分析自己所具备的基本素质，看看发展方向是否与自己的能力相吻合。可以从专业能力（如技术能力、需求分析能力、风险控制能力、组织管理能力），关键能力（如沟通能力、写作能力、学习能力、创新意识），职业素养（如团队协作精神、敬业精神、诚信、负责、自律）等方面来分析，看看自己适合什么样的岗位，考虑如果自己是在项目经理或者管理者的岗位上，能否胜任。

3. 学习身边人的优点

多向身边人学习，加强团队意识，并尽量参加各种技术会议。如果仔细研究一下，就会发现 IT 行业很多的公司，是几个人从原来的公司中一起辞职，然后一起创业办成的。例如，华硕公司是从宏基公司辞职的童子贤创办的，新大陆集团是胡刚从实达公司与一起辞职的 15 位同事共同创办的。一方面，这些事例说明在 IT 行业中人才的重要性。盖茨先生曾经说过："如果现在一场大火将微软大厦烧得一干二净，但是只要给我留下最核心的 100 位人才，给我 15 年的时间，我又可以发展出一个微软来!"另一方面告诉我们，与身边的人建立起良好的团队伙伴关系，不仅能够获得工作上的支持，还可以带来意想不到的事业上的收获。

4. 坚持终身学习

IT 行业知识更新快，软件不断升级，技术体系也不断发展。如果不坚持学习，一段时间以后必将被甩在后边，不要说事业成功，就连工作岗位都难以保住。2004 年，盖茨先生来中国向学生演讲时曾表示："如果我还是一个学生，我会花很多的时间学习 Linux，我也会花很多时间了解 Windows 系统。这两者应该是将来最关键的应用系统。"同时，从事技术工作与从事管理工作不同，一个好的技术人员，未必能够成为一个好的管理者，因此要不断学习管理理论和技巧，为事业转型做好准备。在 IT 行业工作，随时会有机会出现，因此要注意不断学习和积累，在机会来临的时候能够及时抓住，获得进一步的职业提升和发展。

个体职业生涯的成功应具备：明确的发展方向；不断进行自我分析；学习身边人的优点；坚持终身学习等。

【延伸阅读】

华为员工的职业发展

华为一直秉承"以奋斗者为本"的理念，基于员工的绩效与贡献，提供及时、合理的回报，为员工提供全面的健康安全保障体系和成长机制。同时，在职业发展上，华为对员工职业发展也非常关心，为每个员工都设计了双向晋升通道。由于技术和管理属于两个领域，一个人往往不能同时成为管理和技术专业人才，但是两个职位工资待遇的差别，会直接影响不同领域人员的努力程度。为了解决了这一困境，华为设计了任职资格双向晋升通道，与岗位需求相结合，使有管理能力和管理潜质的员工顺利成长为管理者；同时也使潜心钻研技术、有技术特长的员工通过自己的努力顺利成长为某个专业 / 业务领域的专家，为员工的职业成长提供了广阔的空间。

新员工首先从基层业务人员做起，然后上升为骨干，员工可以根据自己的喜好与专长，选择管理人员或者技术专家作为自己未来的职业发展道路，如图 17-1 所示。在达到高级职称之前，基层管理者和核心骨干之间，中层管理者与专家之间的工资相同，同时两个职位之间还可以相互转换。而到了高级管理者和资深专家的职位时，管理者的职位和专家的职位不能改变，管理者的发展方向是职业经理人，而资深专家的职业是专业技术人员。华为的任职双向通道考虑到员工个人的发展偏好，给予员工更多的选择机会，同时将技术职能和管理职能平等考虑，帮助员工成长。除了任职资格双向晋升通道外，华为公司对新进员工都配备一位导师，在工作上和生活上给予关心和指导。当员工成为管理骨干时，还将配备一位有经验的导师给予指导。华为完善的职业发展通道和为员工量身打造的导师制度能够有效地帮助员工成长，减少了优秀员工的离职率。

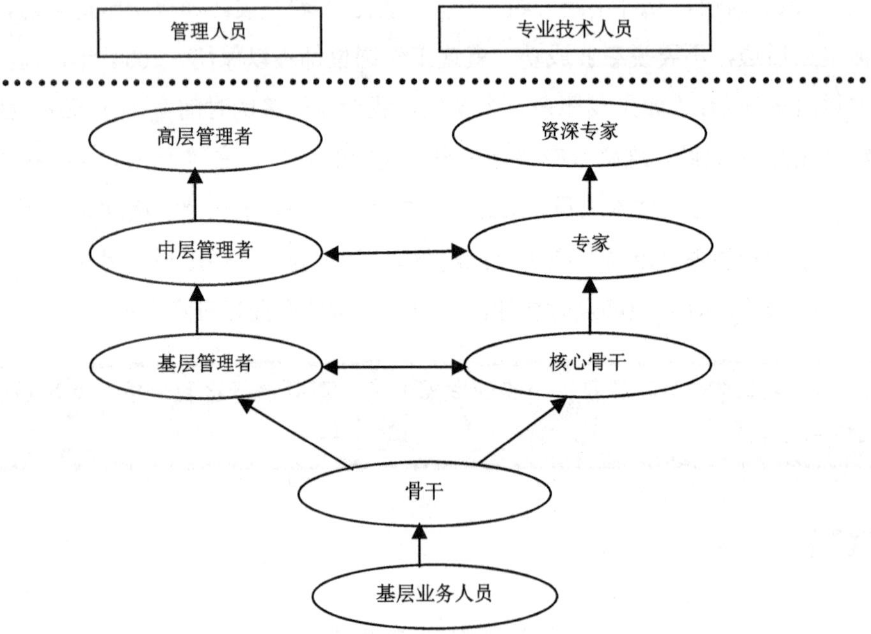

图 17-1　华为员工职业发展路径示意图

【拓展阅读】

大学毕业生如能掌握一技之长，就更能增加顺利就业机会

早上起来，打开电脑，学习、工作、娱乐，足不出户，也可以做很多事，由此可见计算机行业扩展飞快。现在全国上千院校开设计算机专业，就读人数已突破百万。

这种情况下，原来一直很热的计算机专业，还好就业吗？我们深入到一线 IT 企业，和近年入职的新员工聊一聊，看看他们当时怎么找工作的，现在工作状态怎么样。走访的企业有阿里巴巴、网易杭州研发中心及浙江中控。

滨江 8 成企业是 IT—— 每年为本科生提供 2 万个岗位

滨江高新区，被称为“天堂硅谷”，云集几千家高新企业。高新区人才开发中心数据显示，这些企业里 80%是 IT 企业，每年为本科生提供大约 2 万个岗位，2011 年区里举办几百场招聘会。校园招聘会主要面向浙江大学、浙江机电职业技术学院、杭州电子科技大学、浙江工业大学、浙江工商大学、中国美院等高校的毕业生。

2011 年，提供了 800 个岗位的阿里巴巴（中国）网络技术有限公司，算得上招聘大户。阿里巴巴高校合作部经理任永琪说，这 800 个岗位，招的都是技术开发类工程师。本科生占了 20%～30%，约 200 多人，来自全国。浙江的高校里，以浙江大学、杭州电子科技大学、浙江工业大学居多，其他还有北京大学、中国科技大学、华中科技大学、北京航空航天大学、哈尔滨工业大学、华南理工大学、中山大学、武汉大学、四川大学、南京大学、东南大学等高校。专业多是计算机、软件工程等对口专业，如果你对互联网、电子商务感兴趣，工科大类的专业也可以。

简历里说谎—— 专业再好也不录用

阿里巴巴属于 IT 行业里面的互联网行业，有独特的企业文化，招的人要符合公司价值观——“六脉神剑”，六条要求层层递进：

一、诚信，最基础的，不能欺骗客户；

二、激情，要乐观，不轻言放弃；

三、敬业，专业执着，精益求精；

四、团队合作，合作完成，共享，分担；

五、拥抱变化，互联网行业变化多，要敢于不断创新；

六、客户第一，这是最重要的一点，客户是衣食父母。

800 个岗位，20000 份简历投过来，约 6000 人进笔试，1500 人进面试。面试分三轮，第一轮考察专业技术，第二轮考察是否有专业潜力，最后一轮由 HR 专员面试，考察是否符合公司价值观。去年有些求职者，说自己做过班长，组织过活动，细问下去，却回答不出。这样不诚信的行为，不符合公司价值观，即使他专业不错，公司也会直接淘汰，不会录用。

计算机行业每年都在扩展——人才需求大

网易杭州研发中心 2010 年落户滨江，和阿里巴巴总部一路之隔。研发中心是网易的核心部门，分研究院、邮件、网络游戏开发和电子商务。招聘经理张鹏说，计算机行业每年都在扩展，已不是传统意义上的 IT 了，很多其他行业也能融合进来。比如互联网，包括电子商务（阿里巴巴）、网络游戏（网易）、移动互联网（网易云阅读、微博、其他 APP 应用）等。网易杭州前年招了 50 人，去年招了 100 人，今年招聘也结束了，招了 200 人。

今年招的 200 人中，本科生 60 人，研究生 140 人。招聘面向全国，其中浙江大学毕业生较多，占20%，浙工大等浙江其他高校毕业生占5%左右。还有清华大学、北京大学、上海交通大学、武汉大学、华中科技大学、中山大学等。

招聘以技术开发类IT岗位为主，有Java开发工程师、测试工程师、客户端开发工程师、数据挖掘工程师、系统运维工程师等。招来的员工，来自很多专业，有计算机科学与技术、电子信息工程、通信与电子工程、软件工程、信息安全、自动化等，还有市场营销、人力资源等职能业务类岗位。

网易招聘人才——主要从三方面考察

网易招聘，都有特定的步骤和顺序。比如校园招聘，先去目标学校开宣讲会，或通过专业网站或媒体介绍。同时开放招聘平台，接收简历。去年总公司招了300多人，有25000份简历投进来。22%的求职者约5000人进入笔试阶段（全国多地设考点同步进行，主要考察专业知识和人才测评）。1500人进入面试阶段，最后录取300多人，通过率25%。这么一看，竞争相当激烈。

经历这么多道考核，就是想招到优秀人才。什么算优秀？主要从三个方面考察。

一、偏智力方面。考察专业，评估求职者的学习能力、创新能力等。比如笔试时答专业题，面试时询问专业问题等。

二、性格态度方面。有没有主动性很重要，工作中没人可以手把手教你，自己主动找事情做很重要。面试官会问很多问题。比如：你在大学期间有没有独立负责过某项活动，或参与活动？有没有遇到什么挑战和困难？和团队一起克服了吗？之后有无反思总结？总结出的经验，有无用到其他活动……这样的问题，会一直追问，如果没有独立办过活动，但在活动中主动学习，有成果，也是好的。

三、沟通能力。语言交流怎么样？与团队是否沟通顺利，能不能成为团队的一员？

专家看法—— 浙大计算机学院副院长陈越

计算机行业缺的是拔尖人才。浙江大学计算机科学与技术一级学科，在前几年全国高校学科评估排名中并列第三位。学生刚进浙大，不分专业。以后想学信息方面专业的，先在工科（信息）大类学一年，学校会帮助学生了解各个专业的特点及专业发展方向，等到学生发现感兴趣的方向确认主修专业后，进入各专业。想进计算机学院，主要看大学一年级编程、数学、英语等这些科目的成绩。

全国那么多计算机专业，有人说就业很难。我觉得原因是很多学校实践能力培养比较薄弱，或者只培养勉强可以使用一门编程语言的程序员，这是IT企业里的“技术工人”，已经不缺人了。缺的是拔尖人才，企业希望找具有很好专业水平（包括系统分析设计、工程能力）和实践能力强的学生。打个比方，就像建一座大桥，工程师设计整座桥，程序员则是电焊工等，都是造桥，但技术含量不一样。

我们的毕业生，65%以上出国或读研继续深造。

学生直接就业的，形势也很好，专业和工作基本都对口，绝大多数同学进入 IT 公司。其中有 IBM、微软、谷歌、英特尔等跨国公司，也有华为、腾讯、百度等国内公司。还有美国本土公司 Facebook 开出年薪 20 万美金，来我们专业招赴美软件工程师。一般进入大公司的本科毕业生，年薪也有 15 万到 20 万元。国内一些公司，毕业生月薪在 6000 元左右及以上。

性格怎么样——IT 公司很看重

女生薛丽，1989 年生，江苏南通人。披肩发微卷，穿连衣裙，很文静。高考 644 分，一本线 588 分。

她去年 6 月从东南大学毕业，学的是交通工程专业，进入中控，她的岗位是工程设计，具体工作内容是设计信号控制方案。最近她在安吉做项目，更新安吉城区的交通信号灯，把交叉路口的数据信息连接起来，在指挥中心平台，就能统一指挥。小薛说，本来喜欢化学，但又担心长期接触化学试剂影响身体，听说交通工程专业排名较靠前，就业也不错，就选了。回头看看，这么选专业还是有风险的，好在误打误撞，撞对了。

班上不少同学可能没这么幸运，同专业 120 人里，读研的四五十人，出国的十来个人，剩下一半同学直接就业。专业对口的有十来人，三四十人都是半对口，少数同学进了设计院，大部分人进了道路桥梁设计公司。

去年，中控集团到高校开宣讲会，小薛一听有对口岗位，当晚就投了简历。第二天接到面试通知，第三天上午面试。除问专业问题外，面试官还很关注性格方面，问了不少。

“性格确实很重要。”中控公司人力资源总监方芳说，现在不少中大型公司，会在面试前让求职者做个性格测试，100 多道题，做一个半小时。考察性格类型、创新能力、沟通能力、学习能力等十几个方面，最后系统给出结果，从一星到五星，星级越高，说明性格、能力与岗位的匹配度越高。一星一般直接淘汰，三星以上推荐录用。如果存心掩饰某些性格，也会被发现。

本科生第一年——月薪 3000 到 5000 元

中控集团人力资源总监方芳，做了十多年 HR，走南闯北招聘，参加过不少。以前是全国各地招聘，现在主要集中在五个城市的高校：杭州（浙江大学、浙江工业大学、杭州电子科技大学）、南京（东南大学、南京理工大学、南京工业大学）、武汉（华中科技大学、武汉理工大学）、西安（西安交通大学、西安电子科技大学）和天津（天津大学）。

专业主要集中在自动化、计算机科学与技术、通信工程、信息技术等。但如果你对行业有兴趣，相关专业知识有储备，物理专业也可能会招。选这些高校毕业生，是综合考虑了专业对口和生源质量稳定性。以前也去过清华大学等，但成功率不高。

中控集团下属十多个子公司，需要软件开发、硬件开发、工程设计、工程实施等人才。公司 2012 年招了应届毕业生 250 人，其中本科生 175 人，其余主要为硕士，应届毕业生主要在研发部门和技术部门。

那么薪酬怎么样呢？一般情况下，本科生进来第一年，月薪大概在 3000 元到 5000 元，之后因个人努力程度不同，成果不同，薪酬差距也会拉大。

【优秀实习生、毕业生实例】

北京电子科技职业学院电信工程学院前身为北京邮电工业学校，创建于 1958 年，已有 50 多年的办学历史。2010 年 7 月 2 日电信工程学院正式组建，成为北京电子科技职业学院下属的二级学院。自建校起，已累计培养毕业生 8 万余人，为社会培养输送了大批适应生产、建设、管理、服务第一线的高等技术应用性专门人才，毕业生就业率和社会认可度不断攀升，近三年来毕业生平均就业率达 99.8%，签约率达 93.56%，专业对口率在 60%以上。学生毕业后主要从事电子、计算机、通信、邮政行业相关工作。学院注重培养学生的综合素质、职业能力和专业技能，近年来学生获得全国各类职业技能大赛一等奖十多项，二等奖、三等奖获奖无数，并多次获得全国数学建模比赛二等奖及北京市人文知识竞赛团体一等奖。

学院现有 35 个各类实验室、实训室和实训基地，100 余个校外实习基地，按照“产学一体、实境再现、能力递进”的要求，基本满足了学生技能训练、生产性实训和顶岗实习的需要。学院积极推进校企深度合作，努力实现双方互利共赢，与思科系统公司、汉远网智信息技术有限公司、北京中仪英斯泰克进出口公司、中国航天部、大唐微电子公司、美国福禄克公司、北京诺基亚有限公司等一百余家企业建立了广泛的合作关系；学院被确定为“2010 年度思科校企合作岗前实训基地建设院校”，与 ALTERA 公司共建 EDA/SOPC 联合实验室，与 Intel 联合成立了“英特尔嵌入式技术联合实验室”。以下选取的优秀生案例均来自该院。

例 1：计算机技术专业毕业生——汪超

从实习生到部门经理

我一开始在“数字鱼”学习运营知识，本以为可以很好地发挥自己的水平，但是经过长久的努力，并没有得到重视，周围的环境让我感到压抑，人说一个工作环境的好坏直接影响着工作效率，所以我离开了数字鱼，来到了“深蓝创娱”做客服。

原本我是不想做客服的，觉得没有发展前途，并且进入公司还很紧张、害怕，担心又是一个压抑的环境。不过，经过几天的相处，周围人给我的感觉很是轻松。虽然客服是个苦差事，吃力不讨好，不过也是个锻炼人的活。俗话说，吃得苦中苦方为人上人，加上这儿环境优异，让我坚持了下来。坚持下来才发现，自己的能力还有待开发。

很多人都以为做客服是没有前途的工作，但是只有亲身经历才知道什么都是从基层做起的，很多时候人不能眼高手低，否则就注定要失败。客服是个基层的工作，是接触玩家最多的一个岗位，全公司也许只有我们才最了解玩家，最了解游戏，也只有我们才知道玩家是如何想的。最初的手机游戏是非常吃香的，就那么几款，挣钱特别容易，可是年头越长进入手机游戏行业的人越来越多，导致现在想做好就需要投入比常人多一百倍的精力。我把精力全部投入工作中，做了较长一段时间的游戏销售者（GS），深度了解游戏玩家的需求，走进玩家的世界。在我的工作兴趣一步步浓厚的同时，我也从一个实习生一步步走到了部门经理的位置。这让我体会到，只有认清自己，稳扎稳打，才能做出成绩。

机会是难得的，也许人的一生只有一次，错过就不再重来。幸好我把握住了，庆幸自己坚持到今天。我也不是一帆风顺的，顶岗实习也遇到过很多困难，并且升职之后也有不少苦恼，但我坚持着，秉持着坚持不懈的精神，走到了今天公司元老级的地位。

从浮躁到理性

一开始接手整个部门的时候，遇到了很多的困难，曾经也想过放弃，甚至离职，可又觉得亏，并且对自己来说失去这么一个锻炼的机会实在太不应该了。最后我还是坚持了下来，而且变得更加理性。

最后我想说：专注于自己爱好的领域，用自己的专业素养，弥补自己在商业经验和市场运作中的不足；遇到坎坷与挫折是常有的事，在这个时候，要坚定信心，保持清醒的头脑。成功就在眼前，也许现在的在校生思想还没有成熟，想法也比较局限，等到实习之后会慢慢地步入理想的阶段。

逐渐融入企业文化

每个人都有自己的个性，它是自己独特的性格，有时候它会发挥很最要的作用。但刚到公司时，太强的个性会让与你不同个性的人难以接受，也就影响了合作的默契度。所以我们要暂时收敛些自己的个性。在工作中以优秀的老职工为榜样，有意识地改掉自己身上的小毛病。对领导布置的每项工作争取在最短的时间内完成工作，并且保证质量，这样才能赢得领导注意和同事认可，也就能很快融入企业文化。

年轻而充满梦想，有时候会感觉企业文化太苛刻。可没有约束力的单位，大家没有一个共同的努力方向，单位迟早会关门，自己的才华也就无法施展。说到底，企业文化，是单位给每个职工施展抱负搭建的平台，是单位生存和发展的保证，我们必须融入其中，必须尊重团队精神，这样才可以使自己成长，未来的选择也才可能更多。

例 2：手机游戏设计专业——臧海洋

从实习生到商务经理

北京电子科技职业学院 07 手机 1 班 （于 2010 年 7 月毕业）

2009.9—2010.6 北京仙掌软件科技有限公司 实习

2010.7—2011.10 北京仙掌软件科技有限公司 商务专员

2011.11 至今　北京微云即趣科技有限公司　商务经理

在校时，和一般的学生一样，过着浑浑噩噩的日子，不知道要做什么，也不知道将来能做什么，没有任何想法，没有规划，不知道未来会是怎样。

但是该来的终究会来，很多事情总是要去面对，几乎是眨眼的时间，要实习了，要真真正正的进入企业，到新的、陌生的环境，去面对新的人，不同的人，做新的事……些许期待，些许兴奋，更多紧张、惶恐……

在进入企业实习之前，作为学生，有几个问题会不得不去考虑：

1．进入哪家公司实习？

2．要选择什么性质的工作？

3．能做什么样的工作？

4．这个工作是不是有前途？

5．面试时应该怎么做才能通过？

……

坦而言之，我个人在那段时间依旧是没什么想法的，即便是有，就现在来看，也是非常不靠谱的，因为那时的我，甚至是我们，对于手机游戏行业、职业通通是没有了解的，任何事物，在没有了解的前提下，所做的选择和判断都是盲目的、不靠谱、不准确的。

还好，幸运的是，我们这所职业院校的就业率还是很高的，当然这肯定要感谢老师们的努力。

就这样，经过几轮面试，我非常幸运地能够去北京仙掌软件科技有限公司实习，那时很激动。

仙掌是一家手机游戏开发商，在当时来讲，在 java 平台的 RPG 游戏是国内一流的水平，公司的氛围很好，同事们相处融洽，配合紧密，工作流程梳理得很明晰，且公司经常会有一些能够促进员工多交流的活动，能够促使员工更快更好的融入团队。

去仙掌公司的前一天晚上，很晚才睡着，相信这也是大多数第一次参加工作的同学的基本情况。在想象明天将是怎么样一番情形，怎么样的环境，怎么样的人，怎么样的工作……

第一天报到很简单，早早和一起通过面试的同学到公司。到了上班时间，人事部（那时其实也不太理解人事部具体是做什么的）的同事带着我们几个实习生在公司转了一圈，认一认人，熟悉下公司的整体情况，然后就是到指定的部门去报道，开始正式的实习。

当时我被分到两个部门，网游策划部和网游运营部，是两个部门共用的实习生。

作为游戏公司的实习生，第一件工作通常是玩游戏，包括自己公司的游戏和竞争对手的游戏，然后写出评测报告。不要小看这第一件工作，这件工作对于游戏开发团队非常重要，一款好的游戏产品不只能够让资深的玩家感觉好，更重要的是能够让不怎么懂游戏的人很好地进行下去，所以实习生所给的游戏评测，恰恰就是初级玩家的反馈，这非常重要。

一开始实习，充满新鲜感，坐在电脑前，自己分配自己的时间，工作相对比较简单，觉得时间过得很快，而且比在学校时要充实得多。过了一小段时间之后，出于本性就会觉得比较烦了，因为总是做这一件事，确实很无聊，这时候不同的人就会出现不同的表现。有的开始抱怨，抱怨无聊；有的呢就会找到主管领导，沟通看看是不是能有进一步的工作可以做；有的尝试性地帮助其他同事来分担工作。我属于后者，经过沟通之后，就有了进一步的继续工作。

在这期间，会有主管领导或者资深的同事过来帮助你，同时对你进行专业的职业培训，这些东西是特别宝贵的，机会也是非常难得的，不是每家公司或者每家公司的同事都会这么做的，这取决于公司的氛围，也可以说是企业文化的一部分。当有这种机会的时候，要懂得把握和珍惜，更重要的是要懂得感恩。

通过一小段时间的实习工作，会对公司环境、各部门职能等有进一步的了解，同时也会对自己有一定的了解。这主要是因为实习过程中，不管是公司层面或是校方都会要求学生做阶段总结，这是好事，通过总结可以直接地反映这段时间个人的工作情况、进度以及不足等等，当然这建立在如实填写总结的前提下。是否认真对待总结，收获也就不一样。如何写好总结也是需要系统的、认真地学习的，而这恰恰都是不知不觉间进步的过程。

大概三个月后，由于个人的兴趣、性格特点以及公司的要求，要调换部门，也是由于这两点原因，我进入了游戏开发公司另一个重要的部门——业务拓展部。有的手游公司叫做市场部，工作职能都类似，都是商务沟通层面的工作。通过这次调换，开始了我商务工作的生涯。老实说，在那个懵懂的没有想法的时期，我通过在公司实习，终于找到了自己擅长的东西。那么接下来就很简单了，去实践，去坚持。

任何工作一开始都是枯燥的，而且起步是艰难的，这需要不停地调整自己的心态。

进入业务部的第一个工作是做用户电话调查，就是通过打电话的方式对用户进行访问，从而得知用户的最新情况以及对游戏的满意度和建议，以便公司在开发过程中进行调整，做出更受玩家欢迎的游戏。

那时自己每天待在一间屋子里打好几百个电话，同样的话要说好几百遍，拒接、被误解成推销保险、被骂等等，然后记录、统计，最后再分析，最终做出 PPT 展示给相关负责人。过程非常枯燥、无聊，而且公司之前没有做过类似的工作，没有经验可以分享给你，一切都是在摸索中进行，包括最后的分析和展示，都是没有类似的东西可以借鉴的。现在想想，在那种情况下收获才是最多的，因为确实是经过自己努力的思考和实践所得到的，而这些都是之前在学校时很难得到的。

透过这次工作经历，对于自己心态的调节，对于做事的坚持，对于自己的敢于尝试、直面挑战，对于和陌生人沟通的方式方法以及沟通能力，都有非常大的进步和提升。在当时的情况下，毫无工作经验，无可借鉴，而且还是在校实习的状态，所以虽然辛苦但基本无压力可言，毫不夸张地说，在当时我不觉得会有人做得比我更好！甚至于更多的人都无法坚持把这件事情做完。

做了四期的电话调查后，我逐渐被公司认可，开始接触一些正式的商务合作沟通，慢慢开始了我的商务工作。

充实的日子总是感觉时间过得很快，将近一年的实习期很快过去了，我们也毕业了。我荣幸地被仙掌公司认可，继续留在仙掌公司，以正式员工的身份继续商务工作直至不断努力升至商务经理。

例 3：计算机专业——刘松梅

融入企业扎实发展

从北京电子科技职业学院毕业 3 年了，这 3 年中我经历了 4 家公司，每家公司都令我印象深刻，受益匪浅。

第一家公司是我的实习单位——北京中科奥科技有限公司，这是带我入行的单位，一家专门从事“手机棋牌网游”开发的公司。从客服到测试，再到商务，我几乎尝试了各个岗位，这也为我后期的发展奠定了非常扎实的基础，我觉得自己非常的幸运，因为很少有人能有这样的机会尝试那么多的工作岗位，能学到如此多的知识。在仅仅一年的时间里，我就确定了自己的方向——我要做商务，我喜欢挑战。

第二家公司——鼎讯互动，一家具有 SP 背景的游戏公司，主要从事运营商业务以及手机网游研发，我负责“天域 OL”手机网游的商务推广工作。这是一个真正让我把商务做到专的公司，在这里我走入了移动互联网商务的圈子，真正地开始琢磨渠道，建立关系，并结识了很多知心的朋友，这些圈子里的朋友陪伴我走到至今。值得一提的是，也是这家公司让我结识了现任公司的联合创始人——董博英。

第三家公司——北京新媒传信科技有限公司。新媒传信是“神州泰岳”的全资子公司，主要承担“移动飞信”的运营支撑。我依然负责商务，手机飞信的上线推广。在这家公司我体会到了大公司的流程、文化、体系，以及真正的跨部门沟通的难度。我经历过一个部门从无到有的创建，也拥有过在半年内完成千万 KPI 的傲人业绩，并被评为了年度“优秀员工”。更值得骄傲的是，在这里我结识了好的领导，他教会了我什么是工作流程、什么是工作计划、什么是工作方式、如何思考问题等。

第四家公司也是我现任的公司——珠海正点科技有限公司。正点科技是一家专注于移动互联网的创业公司，成立于 2011 年 1 月。目前主要业务是智能手机软件的研发与运营。研发部设立在珠海，商务运营部设立在北京。正点科技是一家飞速成长的企业，从开始在两居的民宅办公到 CBD 办公，仅仅用了半年的时间，并创造出了一个千万用户每天都在使用的产品——正点闹钟。

在正点科技我依然负责商务推广，在飞一样成长的公司我个人的成长也是特别快，从执行到高级执行，从高级执行到带一个部门，每一个跨步几乎都没有喘息的机会。教一个人完成工作远远比自己完成一个工作要有难度得多，更何况是一个刚刚离开校门的实习生，但是正点科技的每一个员工彼此都真诚相待，相互团结，共同进步。

三年的工作经历给我体会最深的是，每个人的成长都必须脚踏实地。在移动互联网这个行业中，我见了太多优秀的商务一闪而消失无声，听了太多人对自己工作的不满与抱怨，这些人多年过去了依然只是一个商务专员，我很想问问这些人，你们是否知道自己真正想要的东西是什么？

到现在，每天我都会问自己两个问题：我要的是什么？我是谁？这两个问题可以让我时刻明确自己的目标，摆正自己的位置，让自己每天都把脚放在地上行走。

例 4：通信技术专业——刘翔（如图 17-2 所示）

图 17-2　工作中的刘翔

职校的学习是企业发展的基石

2008 年考入北京电子科技职业学院通信技术专业

2011 年任职于中邮时代电讯科技有限公司

大学三年转眼而过，但是这三年是打基础的三年，为我以后的收获奠定了坚实的基础。大二的时候，我有幸担任了院红十字会的会长一职，有了更多的工作经验，也学习了更多的知识，同时也让我学会了严格要求自己。在校期间，我连续多次被评为“三好学生”，连续获得一等奖奖学金，并获得了国家励志奖学金，2011 年毕业时被评为北京市高等学校优秀毕业生。

2011 年 6 月，我加入了中邮时代电讯科技有限公司增值服务部，主要从事手机应用的研究，并制定 3G 体验店方案。增值服务部必须要有自己的创新，要及时了解市场最新情况，及时掌握最新动态，了解手机的最新应用，挖掘隐藏的商机，应用到平时的工作和培训中。培训的内容，要及时更新，由我们增值服务部搜集各方面资料，进行分析、汇总，提炼出最新的、有用的消息，应用在培训中，使受训者每次都能接收到最新鲜、最好玩的事物，能够对培训的内容有深刻的印象，使之受益能够达到最大化。我们也需要多看多听，多接触新鲜事物，提供第一手的消息，掌握最新的流行动态，最新电子市场趋势，走在其他人的前面，了解运营商的需求，提供给运营商最专业、最前沿的支持。

经过这几个月，首先在自己的个人能力上有了一个很大的提高。在学生时代，学校的工作只要努力去做了，即使最后看不到预计效果，也不会有太多的损失，但是在公司中，即使一个小小的失误，也可能会给公司带来巨大的损失。所以在公司工作中，必须要保持高度的警惕性，认真对待工作中的每一个细节，充分想到会发生的各种突发事件，并且及时想好应对方案。而且还要想到工作执行中的每一个细节、每一个环节的运行，并提前想好实施中可能遇到的困难，然后提前解决掉有可能遇到的阻碍。

在学校的时光是快乐的，也是有收获的，学校所学的知识是我得以发展的基石。在学校，老师让我们学会了为人处世，学会了如何融入社会、融入工作，如何与人沟通，这些知识的重要性远远胜于书本上的内容。在以后的时光中，我会更加严格地要求自己，使自己在工作中能够收获得更多。

例 5：电子信息专业——晋鹏飞（如图 17-3 所示）

图 17-3　晋鹏飞

从职校到企业尽显优秀

2005 年考入北京电子科技职业学院电子信息工程技术专业

2007 年诺基亚实习 Engine Operation Key Operator

2008 年诺基亚工作 Supply Operation Cell Leader

2009 年诺基亚工作 New product Team Coordinator

从学校毕业就来到了诺基亚，以 Team Leader 实习生的角色开始了我的职业生涯。面对一个陌生的行业，一切都要从新的开始，所以公司安排了岗前培训。短短的一个月培训时间，我忐忑不安的心平静不少。从认知公司形象到了解生产工艺到员工成长规划，岗前培训为我勾勒出一个大致的轮廓。尽管这些学习简单浅显，但是却给我未来的发展铺就了第一块砖，同时意味着，我从此正式踏入了社会。

六个月的一线学习使我对精益生产和生产管理有了初步的了解和认识；阶段性的考试、淘汰使我意识到竞争的残酷性。从工位实操到系统学习、从管理系统的培训到问题分析的思维锻炼、从流程控制到成本控制、从制定计划到跟进结果，我从未有一点点的松懈，每天尽可能地累积进步。注意细节、善于总结，是我在工作中一直坚持的习惯，这些好习惯将助我厚积薄发、事半功倍。

通过不懈的努力和坚持学习，我从 Engine Operation Key operator 到 Supply Operation Cell leader 再到 New product Team Coordinator，每一次工作的调动都是对自己的一次肯定，也是一种激励。我乐观积极地面对一次次考验与新的尝试，始终保持谦虚学习的态度，团结协作，切实增强责任感、服务意识和协调能力，使自身能力全面提高。

我相信只要有梦想，只要积极乐观地去面对，我们会走得更远！

参考文献

[1] 王文博、李万杰．信息时代成功学[M]．北京：中国纺织出版社，1998.

[2] 余祖光，王国龙．产业文化读本[M]．北京：高等教育出版社，2012.5.

[3] 周国烛，马红麟，王文博．高职教学论[M]．北京：中国轻工业出版社，2009.

[4] 王陆海，IT 职业规划与职业化塑造，龙门书局，2011.

[5] 陈守森，IT 职业素养，清华大学出版社，2009.

[6] 郑绍忠，高职学生要注重内外兼修全面发展，论文天下网，2012.6.26.

[7] 陈吉红，林奕鸿，高职院校产学研结合的模式探讨，2010，百度文库.

[8] 董瑶，韩治，在高职教育校园文化中融入企业文化，2011.

[9] 雪儿，试论构建目标检验标准体系在高职教育中的重要性，2012.

[10] 王育民，通信行业发展趋势与企业转型，2010.

[11] 王翔，通过企业顶岗实习提升 IT 类高职学生职业素养的探索和研究，2009.

[12] 电子信息产业发展特点，百度文库.

[13] 电子行业发展报告，百度文库.

[14] 大学生职业适应性现状及培养对策研究，道客巴巴期刊论文.

[15] 姜宇国，论高职毕业生就业后职业适应性问题和就业能力培养，《黑龙江高教研究》2010 年 03 期.

[16] 苏靖，今天的经济 昨天的文化——对话经济学家张仁寿，浙江日报，2008 年 6 月.

[17] 贺望，各国企业文化的特点，《上海包装》2012 年 06 期.

[18] 毕美红，高技能人才缺乏掣肘实体经济发展 加强职业教育呼声高，中工网，2012，3.

[19] 刘东风，周月友，企业文化对高校大学生重要性浅析，道客巴巴期刊论文，2006，5.

[20] 关于构建企业文化素养融入高职素质教育模式的实践研究，教育城网 2012，9.

[21] 林娟，马丽，高职毕业生职业适应水平和影响因素的实证研究，长沙通信职业技术学院学报，2011 年 01 期.

[22] 王诚，通信文化浪潮，电子工业出版社.

[23] 世界电子信息产业新局势与我国应对新举措，中国电源博览第 107 期 2010.